Motecuhzoma, Herrscher der Azteken, ist davon überzeugt. Mit diesem tragischen Mißverständnis und dem Zusammentreffen von zwei diametral entgegengesetzen Kulturen wird ein neues Kapitel der Weltgeschichte aufgeschlagen.
Bernal Díaz del Castillo, der treue Gefährte und Geschichtsschreiber Cortés', hat uns folgende Episoden überliefert.

W0047654

„Am 12. des Monats März 1519 gelangten wir mit der ganzen
Flotte auf den Grijalva-Fluß, den man Tabasco nennt (…).
Fast 12 000 Krieger waren versammelt (…). Sie rückten beherzt
vor, umringten uns mit ihren Kanus und ließen (…) einen Hagel
von Pfeilen auf uns niedergehen (…)."

„Cortés befahl Juan de Escalante,
der Hauptmann war, alle Fahrzeuge mit Ausnahme
der Boote auf Strand zu setzen. Anker, Taue, Segel,
kurz alles, was man auch anderweitig gebrauchen konnte,
wurde geborgen."

„Aus natürlicher Güte oder aus Angst, uns den Weg auf seine
Hauptstadt nehmen zu sehen, sandte Motecuhzoma, der große
Herrscher der Azteken, fünf hochgestellte Persönlichkeiten
nach Tlaxcala, die uns willkommen hießen. Sie übergaben uns ein
Geschenk im Wert von ungefähr 1000 Goldpiaster (…).“

„Bei unserem Einzug in die Stadt (Tlaxcala) waren
die Indianer, die sich drängten, uns zu sehen, so fröhlich und
zahlreich, daß sie auf den Straßen und Häuserterrassen keinen
Platz mehr fanden (…). Wir zogen am 23. September 1519
in die Stadt ein."

„Cortés, der davon unterrichtet wurde, daß Motecuhzoma nahte,
stieg vom Pferd, und als sie voreinanderstanden, erwiesen sie
sich gegenseitig große Ehrenbezeugungen (…). Cortés nahm eine
Kette von Edelsteinen (…); er beeilte sich, sie um den Hals
Motecuhzomas zu legen.“

„Als wir unsere Mahlzeit beendet hatten, kam Motecuhzoma (...)
in großer Pracht, um uns zu besuchen (...). Er wurde von einer großen
Zahl von Personen aus seinem Hofstaat begleitet (...). Als die Zu-
sammenkunft beendet war, übergab Motecuhzoma unserem Anführer
mehrere prächtige und reichverzierte Schmuckstücke."

„Der Kapitän Juan de Escalante, ein Mann von großer Kraft
und leidenschaftlichem Charakter, (…) setzte die flinksten und
kräftigsten der ihm verbliebenen Soldaten (…) in Marsch. (…)
Sie rückten in Richtung der aztekischen Armeen ab. Die verfein-
deten Kräfte trafen mittags aufeinander."

„Cortés betrat den Palast. Nachdem er den Monarchen
ehrerbietig begrüßt hatte (…), sagte er zu Motecuhzoma:
‚(…) Wenn Ihr die Stimme erhebt und auch nur irgendein
Aufsehen erregt, werdet Ihr unter den Schlägen unserer Offiziere
(…), die nur aus diesem Grund hier sind, sterben.'“

Serge Gruzinski, geboren am 5. November 1949 in Tourcoing,
ist Paläograph und Archivar, ehemaliger Schüler
der Ecole française de Rome und der Casa de Velásquez.
Er wurde 1978–1982 vom französischen Außenministerium als
Forscher an das Nationalinstitut für Anthropologie und
Geschichte Mexikos entsandt. Heute arbeitet und lehrt er über
die Geschichte Mittelamerikas. Serge Gruzinski forschte
in Italien, Spanien, den USA und Mexiko, wo er sieben Jahre
lang lebte. Er ist Autor mehrerer Zeitschriftenartikel und Bücher
zur Geschichte der mittelamerikanischen Völker.

Deutsche Textfassung: Bettina Wiengarn
Wissenschaftliche Überarbeitung: Wolfgang Funke, Ethnologe

Die Deutsche Bibliothek – CIP-Einheitsaufnahme

Die **Azteken** : kurze Blüte einer Hochkultur / Serge Gruzinski.
[Dt. Textfassung: Bettina Wiengarn. Wiss. Überarbeitung: Wolfgang Funke].
– Ravensburg: Maier, 1992
(Abenteuer Geschichte; 28)
Einheitssacht.: Le destin brisé de l'empire aztèque <dt.>
ISBN 3-473-51028-9
NE: Gruzinski, Serge; Funke, Wolfgang [Bearb.]; GT

ABENTEUER GESCHICHTE

Deutsche Erstausgabe als Ravensburger Taschenbuch
© 1992 Ravensburger Buchverlag Otto Maier GmbH

Die Originalausgabe erschien unter dem Titel
„Le destin brisé de l'empire aztèque"
© 1988 Editions Gallimard, Paris

Redaktion der deutschen Fassung: Martin Sulzer

Alle Rechte dieser Ausgabe vorbehalten durch
Ravensburger Buchverlag Otto Maier GmbH
Satz: Eduard Weishaupt, Meckenbeuren
Printed in Italy by Soc. Editoriale Libraria

5 4 3 2 1   96 95 94 93 92

ISBN 3-473-51028-9

DIE AZTEKEN
Kurze Blüte einer Hochkultur

Serge Gruzinski

Otto Maier Ravensburg

demostracion delas cuebas donde aua ta vi-
los mexicanos an tes deconquistar esta
tierra —

deciender delos chichi
mecos ques una
generacion baleros a
dequese prec en como no se
tros delos poderosos Roma

ERSTES KAPITEL

TULA
ODER DIE URSPRÜNGE DER KULTUR

Bei den ersten mexikanischen Geschichtsschreibern, die sofort nach der spanischen Eroberung damit begannen, die Geschichte ihres Volkes zu erzählen, taucht unaufhörlich ein Name auf: der der sagenhaften Stadt *Tula* *. Auf diese schon vor langer Zeit untergegangene Kultur führen die Azteken ihre Herkunft zurück. Tula, die Hauptstadt des legendären Reichs der *Tolteken*, prägt die Geschichte des Alten Mexiko.

Gemälde aus dem 16. Jahrhundert (links). Nach Diego Durán stellt es die erste Episode in der Geschichte der Mexica zur Zeit des Beginns ihrer Wanderung dar, als sie noch in Höhlen wohnen und von der Jagd leben.

Menschenkopf aus Stein (rechts). Die Augen sind aus rosa Perlmutt, in das Kreise aus Pyrit eingelegt sind. Die Zähne bestehen aus weißem Perlmutt.

kursive Begriffe **siehe Glossar Seite 199.**

Schon vor dem Beginn
unserer Zeitrechnung
existieren auf dem mexikanischen „Altiplano", der
zentralmexikanischen Hochebene, mehrere hochentwik-
kelte Kulturen, die sich entfal-
ten und wieder verschwinden.
Sie sind so großartig, daß sich
die Erinnerung daran bis in die
Zeit der spanischen Herrschaft
hält. Besonders zwei Namen sind
mit ihnen verbunden: Teotihuacán,
die „Stadt der Götter", die zur Zeit
des Römischen Kaiserreichs den
Zenit ihrer Macht erreicht, und einige
Jahrhunderte später dann Tula, dessen
Ruinen etwa 90 km nordöstlich des
heutigen Mexiko-Stadt liegen.

**Um 1000 n. Chr. tritt Tula das Erbe
von Teotihuacán an. Gleichzeitig nimmt
die Stadt von den Ebenen des Nordens
kommende Völker auf.**

Die Tolteken gelten den Bewohnern der
Hochebene als die Lehrmeister aller materiel-
len, technischen und intellektuellen Errun-
genschaften der Kultur. Sie erfinden die
Malerei, die Freskotechnik und die Bild-
hauerkunst, sind Meister der *ikonographischen*
Schrift, die sie auf Papier aus Rinde oder
Agave schreiben, Baumeister wunderbarer
Paläste, unübertroffene Künstler beim Anfertigen von Mosaiken aus farbigen Federn, mit
denen Schilde und Harnische geschmückt
werden...
    Die Tolteken führen ihre Herkunft auf
Gottheiten zurück, u. a. auf Quetzalcóatl,
dessen gleichnamiger Priester den Kult zelebriert und Tula regiert. Die toltekische Welt
ist alles andere als einheitlich: Ein Teil der
Bevölkerung ist seßhaft, der andere besteht
aus Jägern. Dazu stoßen aus dem Norden
in aufeinanderfolgenden Wellen kriegerische

Gruppen. Sie machen sich mit der Landwirtschaft vertraut und siedeln in der Nähe der Kultzentren. Jede Gruppe behält ihre eigene Organisation, ihre Tradition und ihre Götter. Die Techniker, die Deiche und Dämme für die Bewässerung bauen, sowie die Priester des rituellen Kalenders leben jedoch in den städtischen Zentren. Nur die von den Kalenderpriestern abgehaltenen Zeremonien sichern nach dem Glauben der Tolteken das Fortbestehen des Kosmos und der Götter, die Wiederkehr des Regens und das Wachstum des Maises.

Vor einigen tausend Jahren wird in Zentralmexiko der Mais domestiziert. Dies erst ermöglicht die Entstehung der ersten Agrarkulturen Amerikas.

Toltekischer Atlant (links).

Im Lauf des 12. Jahrhunderts kündigt sich das Ende eines Zeitalters an: Die Tolteken verschwinden im Dunkel der Geschichte.

Aus unbekannten Gründen zerfällt gegen Mitte des 12. Jahrhunderts die Herrschaft Tulas und der großen Zentren der

Dieser Teil des Codex Azcatitlan stellt den aztekischen Stamm zur Zeit des Beginns seiner Wanderschaft dar. Die Mexica durchqueren gebirgige Gegenden, wo sich eine aus Kakteen, Agaven, Schilfrohr und Bäumen bestehende Vegetation erstreckt, in der wilde Tiere leben.

toltekischen Epoche, um schließlich ganz zu verschwinden. Vermutlich sind die Tolteken zum Schluß nicht mehr in der Lage, die Eindringlinge aus dem Norden zu integrieren.

Der letzte Priesterkönig von Tula trägt den Namen Topiltzin Ce-Acatl-Quetzalcóatl: „unser Herr, Eins Schilfrohr (sein Geburtsdatum: 947), gefiederte Schlange". Bekannter unter dem Namen Quetzalcóatl, herrscht er über die Tolteken, ohne sich in der Öffentlichkeit zu zeigen, sondern meditiert in den vier von ihm erbauten Palästen. Man gibt ihm den Titel eines Priesters. Er bietet den Göttern sein eigenes Blut an, Vögel sowie Schlangen und Schmetterlinge. Die Zeit, zu der er herrscht, wird als Goldenes Zeitalter beschrieben: reiche Ernten, unerhört große Pflanzen, Reichtümer im Überfluß. Die revolutionäre Phase, die mit der Flucht der gefiederten Schlange endet, wird als Kampf von Tezcatlipoca gegen Quetzalcóatl dargestellt, d. h. als Kampf der neuen Göttergeneration gegen die alte, der neuen Tributgesellschaft gegen die Priesteraristokratie, wobei die Flucht der gefiederten Schlange als Umsturz des theokratischen Regimes gedeutet wird.

Links Darstellung des Gottes Camaxtli.

Der Legende zufolge bringen Spannungen und Rivalitäten den Priesterkönig oder den Gott Quetzalcóatl oder beide – die Überlieferungen gehen in diesem Punkt auseinander – dazu, um 1168 in Begleitung seiner Anhänger aus Tula zu fliehen. Einige seiner Gefolgsleute wandern in das Tal von Mexiko. Dort tragen sie zur Gründung neuer Städte bei, die zum Teil das toltekische Erbe fortführen. Andere gelangen nach Cholula im Tal von Puebla oder nach Chichén Itzá, zu den Maya von Yukatán.

Doch die Erben der toltekischen Kultur sind nicht allein im Tal von Mexiko: Nichtseßhafte Völker, Nachkommen der *Nahua* und *Otomi*, die von den großen Ebenen des Nordens kommen, gesellen sich zu ihnen oder zwingen sie sogar zum Zusammenleben. Manchmal schließen sich mehrere Gruppen zusammen. Auf diese Weise wird z. B. die Stadt Chalco gegründet, deren Chronist im 17. Jahrhundert Chimalpain ist.

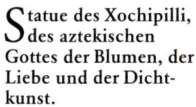

Statue des Xochipilli, des aztekischen Gottes der Blumen, der Liebe und der Dichtkunst.

Auf dem Codex Telleriano werden die verschiedenen Phasen der Geschichte durch kalendarische Glyphen markiert, die mit einem nur annähernd genauen Datum versehen sind. Der Stamm der Mexica besteht zur Zeit seiner Wanderschaft aus verschiedenen autonomen Gruppen.

Vitzilobuchtli

otro Hercules

Tezcatlipoca, otro Iupiter.

Tlaloc Hamasasquj, dios pluujas.

Capitulo primero. fo. 1

Capitulo tercero. fo. ibidem.

Capitulo quarto fo.

Das toltekische Erbe setzt sich in der Herrschaft der „Menschen-Götter" fort, die an der Spitze der Kultzentren stehen.

Die Erinnerung an Tula stellt ein wichtiges, wenn auch nicht genau faßbares Erbe dar. Eigentlich handelt es sich dabei wohl eher um eine idealisierte Modellvorstellung, und man versucht in den verschiedenen Kulturen, sie nachzubilden oder wiederzubeleben.

Um das Jahr 1200 betrachten sich die Führer der umherziehenden Horden als Günstlinge ihres Schutzgottes. Dies geht so weit, daß sie sich sogar mit ihm identifizieren. Diese „Menschen-Götter" empfangen in ihrem Körper eine göttliche Energie, die es dem Volk ermöglicht, seinen Weg fortzusetzen und das von der Gottheit festgesetzte Ziel zu erreichen. In dieser wechselvollen Epoche der Wanderungen tauchen die Gruppen an weit entfernt liegenden Orten auf, und der Beginn ihrer Geschichte besteht in einer stetigen Suche nach einem versprochenem Land.

Die aufeinanderfolgenden Bevölkerungswellen sind auch die Ursache der extremen politischen Zersplitterung Zentralmexikos. Dort bestehen bis zur spanischen Eroberung – und sogar noch darüber hinaus – Dutzende von winzigen Herrschaftsbereichen, deren Hauptstädte zuweilen nur wenige Kilometer voneinander entfernt liegen.

Huitzilopochtli (wörtl. „Kolibri links") ist der „Krieger des zum Leben erweckten Südens". Tezcatlipoca, „rauchender Spiegel", ist ein unsichtbarer, mit der Nacht und dem Norden verbundener Gott. Tlaloc, „der es wachsen läßt", ist Gott des Regens und Helfer Huitzilopochtli Paynals, „des Schnellen".

Capitulo segundo.

In den neuen Städten assimilieren die Einwanderer im Lauf des 13. Jahrhunderts das, was von der alten toltekischen Kultur übrigblieb. In der unmittelbaren Umgebung der Kultzentren lassen sich die Nachzügler nieder. Sie sind zu spät gekommen, um noch Land zu erhalten, oder sind gezwungen, Land zu nehmen, das niemand will.

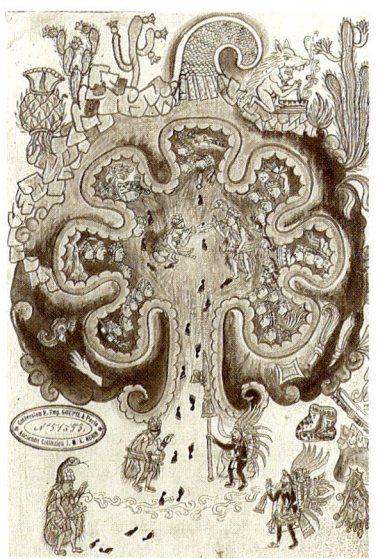

Im Lauf von zwei Jahrhunderten entstehen Rivalitäten. Jede Stadt nimmt das toltekische Erbe für sich in Anspruch.

Zwischen den neuen Machtzentren werden Bündnisse geschlossen und häufig wieder gebrochen. Die zu eng beieinander wohnenden Nachbarn streiten sich während des 13. und 14. Jahrhunderts um die Vorherrschaft. Auf der Südseite des Sees erlangt Colhuacán Ruhm, weil es sich damit brüstet, eine der wenigen Städte zu sein, die eine Dynastie toltekischer Herkunft beherbergt. Später wird es von Atzcapozalco, der tepanekischen Stadt am westlichen Ufer des Texcoco-Sees, abgelöst. Jeder Herrscher, hüben wie drüben, bemüht sich, an die toltekische Ahnenreihe anzuknüpfen. Tolteke, oder genauer gesagt „Neotolteke", bleibt lange Zeit das Synonym für Adel, Autorität und Rechtmäßigkeit.

Azteken oder „Mexica": eine neue Gruppe erscheint in der mexikanischen Geschichte.

Gegen Mitte des 13. Jahrhunderts dringt eine neue Gruppe in das mexikanische Hochland ein, deren Ursprung sich in Mythos und Legende verliert. Gleich den anderen Nahua-Völkern führen sich diese Indianer auf eine mythische Wurzel zurück.

Der Überlieferung zufolge entstammt diese Gruppe genau wie die anderen Nahua-Stämme dem legendären Chicomoztoc (den sieben Höhlen), ein Ort, der auf ihre Lebensweise zur damaligen Zeit anspielt. Für die Indianer ist Chicomoztoc gleichzeitig das Symbol für die lange Wanderung durch die Steppen des Nordens und ihre Urmutter. Aber zuerst soll die Gruppe in dem geheimnis-

Mündlichen Überlieferungen zufolge haben die Nahua-Stämme, die die Hochebene Zentralmexikos bevölkern, einen gemeinsamen Ursprung. Angeblich stammen sie aus einem Land, das jenseits des die Erde umgebenden Meers liegt, oder auch aus Chicomoztoc, dem „Ort der sieben Höhlen". Diese sieben Höhlen entsprechen den sieben Nahua-Stämmen: den Acolhua, den Chalca, den Chinampaneca, den Colhua, den Tepaneca, den Tlahuica und den Tlatepotzca.

vollen Aztlan gelebt haben, einer auf einer Insel erbauten
Stadt im Nordwesten Mexikos, genau wie später Mexiko-
Tenochtitlan, das als Spiegelbild des vergangenen Aztlan
gilt. Ob sich diese Gruppe von Anfang an „Azteken"
genannt hat oder ob dieser Name ausschließlich die
Bewohner von Aztlan bezeichnet, unter deren Herr-
schaft sich diese Nahua befinden, bleibt unklar.
Auf jeden Fall nennen sie sich im Lauf ihrer Wande-
rung „Mexitin", später dann „Mexica". Daher ist die
Bezeichung Mexica korrekter als Azteken.

Huitzilopochtli, Gott des Krieges und der Sonne, beschützt den Auszug der Mexica.

Geführt von ihrem Gott Huitzilopochtli, der sich durch
seine vier Priester kundtut, soll die Gruppe eine lange
Wanderung durch die Steppe des Nordens unternommen
haben. Diese nachträglich rekonstruierte Geschichte findet

sich in ikonographischen Manuskripten überliefert und wird u. a. von dem indianischen Geschichtsschreiber Alvarado Tezozomoc berichtet. Das halbseßhafte Volk betreibt hin und wieder Landwirtschaft und ernährt sich hauptsächlich von der Jagd. Seine Sprache ist das Nahuatl. Im Lauf ihrer Wanderung erfahren die Mexica Abspaltungen und Entzweiungen, neue Gruppen schließen sich ihnen an und andere trennen sich ab. Mehrere Legenden erinnern an diese Ereignisse, aus denen der Gott Huitzilopochtli als höchste Gottheit der Mexica hervorgeht.

Die zahlreichen Opfer, mit denen diese Ereignisse bezahlt werden, weisen bereits auf die Menschenopfer in großem Maßstab voraus. Im Tal von Mexiko angelangt, versuchen die Mexica, die immer noch keinen Führer königlicher Abstammung besitzen, vergeblich, zu siedeln.

Als sie sich einige Zeit am Ufer des Sees in Chapultepec einrichten, ziehen sie sich die Feindschaft der Leute von

Nach einer der Legenden aus der Zeit der Wanderung durchqueren die Mexica, ehe sie sich in Mexiko niederlassen, Michoacan, „das Land derjenigen, die den Fisch besitzen". Überwältigt von der Schönheit des Landes wenden sie sich an den Gott Huitzilopochtli und bitten ihn, an diesem Ort siedeln zu dürfen, auch wenn es nicht der von ihm verheißene ist.

Atzcapozalco (eine Dynastie otomischer Herkunft, aber „nahuatilisiert") zu und sind gegen 1299 gezwungen, sich auf die Südseite des Sees in die Umgebung des Fürstentums Colhuacán zu flüchten. Dort weist man ihnen unwirtliche, steinige Flächen zu, in der Hoffnung, daß die giftigen

Schlangen der Region sie vertreiben. Der Plan geht nicht auf: Die Mexica rösten die Schlangen und essen sie. Darüber hinaus profitieren sie sogar von ihrem einige Jahre währenden Aufenthalt und beginnen sich einzurichten. Als sie aber im Jahr 1323 wiederum verjagt werden, sind sie gezwungen, weiter in die Sümpfe um den See einzudringen und gelangen auf eine kleine Insel, das endgültige Ziel ihrer langen Wanderung.

Auf der Insel gründen die Mexica Tenochtitlan, das heutige Mexiko-Stadt.

Im Jahr 1325 finden die Mexica das erwartete Zeichen: Ein auf einem Kaktus sitzender Adler bezeichnet ihnen den Ort, an dem sie sich niederlassen sollen, Mexiko-Tenochtitlan. Kurze Zeit später gründen sie wenige Kilometer entfernt auf einer weiteren kleinen Insel die Stadt Tlatelolco.

Noch unterscheidet sich dieses Volk von Jägern und Fischern in nichts von anderen Einwanderern. Die großen, das Tal beherrschenden Fürsten hüten ihr Territorium eifersüchtig und sorgen dafür, daß die Mexica zusammengedrängt auf ihrem winzigen Stück Land leben.

Über 30 Jahre bewahren die Mexica ihre Autonomie und konzentrieren sich auf den Aufbau ihrer beiden Märkte. Sie machen sich daran, die „Chinampas" zu entwickeln, schwimmende Gärten, deren Kultivierung größte Sorgfalt erfordert und die dank einer steten Bewässerung sehr ertragreich sind. Aber der Mangel an Steinen, Holz und anderen Rohstoffen zwingt die Mexica dazu, ihre Isolation aufzugeben und Verbindungen mit der Außenwelt aufzunehmen.

Der Adler auf dem Kaktus, der eine Schlange verschlingt, Sinnbild der Gründung Mexikos durch die Mexica, ist relativ späten Ursprungs. Die Quellen des 16. Jahrhunderts sprechen nicht von der Schlange, sondern der Puntie, einer Frucht, die im Nahua-Denken das Herz der geopferten Menschen symbolisiert. Die Metapher entgeht den Spaniern nicht, und sie ersetzen die Frucht durch die Schlange, ein Tier, das ihrer Vorstellung des Bösen entspricht. Die Schlange wird vom Adler überwältigt, dem Wappentier der Habsburger, der Dynastie der spanischen Könige.

<u>Die Mexica wählen Acamapichtli, einen Fürsten aus der Umgebung, zu ihrem Anführer.</u>

Acamapichtli gilt als Nachfahre des Gott-Priesters von Tula, Quetzalcóatl, und verkörpert in den Augen der Fischer des Sees das Prestige der toltekischen Vergangenheit. Er bleibt

Trotz der enormen technischen Probleme gelingt es den Mexica, beeindruckende Steinblöcke zu brechen, die sie polieren und für den Bau ihrer Pyramiden verwenden.

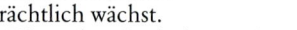

etwa 20 Jahre, von
1372 bis 1391, an der
Spitze der Gruppe
und ist hauptsäch-
lich damit befaßt,
dem Druck des
tepanekischen
Nachbarn Atzcapo-
zalco entgegenzu-
treten, dessen Macht
beträchtlich wächst.

Die andere Stadt der Mexica,
Tlatelolco, wählt einen tepanekischen Prinzen zu ihrem
Oberhaupt; auf diese Weise gelingt es den Mexica nach
und nach, sich in das Netz von Allianzen, das die Mächte
des Tals zusammenhält, einzugliedern. Außerdem entsteht in Tenochtitlan eine Dynastie. Die zahlreichen Söhne
Acamapichtlis, Begründer einer neuen Adelsschicht, mono-
polisieren die Macht in der Mexica-Gesellschaft.

Im Moment ist der Fürst von Atzcapozalco, der Tepaneke Tezozomoc, der starke Mann der Region. Dank seines
diplomatischen Geschicks sowie seiner militärischen Siege

gelingt es ihm, ein Reich zu errichten. Als Meister in der Kunst, seine Nachbarn zu entzweien, dehnt er es auf Kosten der verschiedenen Städte der Region mit Ausnahme von Texcoco aus und begründet die größte Herrschaft im Zentrum von Mexiko seit dem Niedergang der Tolteken. Diese Herrschaft gründet sich auf die systematische Ausnutzung eines durch Heirat zustande gekommenen Netzes von Allianzen sowie auf Tributzahlungen der unterworfenen

Die Chinampas, schwimmende Gärten auf Schilfrohrflößen, die durch Pfähle befestigt werden, sind in den Schlammbänken der Lagune verankert.

Völker. Unter der Herrschaft Tezozomocs werden die Mexica nach und nach zu priveligierten Tributpflichtigen und erreichen es mit seiner Zustimmung sogar, ihr Territorium zu erweitern. Noch immer in den zweiten Rang verwiesen, profitieren sie von dieser Periode, um sich auf Größeres vorzubereiten.

Texcoco ist die einzige Stadt, die sich mit dem tepanekischen Atzcapozalco messen kann.

Obwohl der Geschichtsschreiber Alva Ixtlilxochitl das in toltekischer Zeit gegründete Texcoco als sehr bedeutend darstellt, bleibt die Stadt bis zum Beginn des 15. Jahrhunderts tatsächlich jedoch von zweitrangiger Bedeutung. Auch in den nordöstlichen Teilen des Tals von Mexiko sind viele Fremde eingewandert, und es ist einer ihrer Führer, der aus Texcoco seine Hauptstadt macht. Hier wie auch anderswo gelingt es den Eindringlingen, sich das toltekische Erbe zu eigen zu machen, während eine Gruppe von Einwanderern aus der südlichen Oaxaca-Region die Kunst der Goldbearbeitung und der Ikonographie einführt.

Die Stadt, die unter dem Namen „Athen von Amerika" in die Geschichte eingeht, lange Zeit aber vom Ruhm Mexiko-Tenochtitlans überstrahlt ist, wird zur Heimstatt einer hochentwickelten Kultur. Die Goldschmiede- und Juwelierkunst, die Bearbeitung von Halbedelsteinen und das Federmosaik stellen bei den

Der Fürst Toculpotzin trägt einen Lendenschurz, den maxtlatl, und einen Baumwollmantel, den tilmatli.

Das Imperium der Azteken bildet sich durch Krieg und Diplomatie in weniger als einem Jahrhundert heraus. Es entsteht aus einer politischen Lage, in der das gesamte Zentrum des Landes in zahlreiche kleine Staaten zersplittert ist, die wie die antiken griechischen Stadtstaaten voneinander unabhängig sind. Jeder dieser Staaten weist dieselbe Herrschaftsstruktur auf: Es gibt einen Herrscher, dem ein oder manchmal auch mehrere Ratgeber zur Seite stehen. Beide Instanzen sind von Würdenträgern in militärischen oder administrativen Funktionen umgeben. In allen Fällen ist der Nerv des Dreierbunds der Tribut, den die unterworfenen Städte dem Herrscher zahlen. Die Listen der Tributabgaben zeigen Art und Menge an: lebende Vögel, kostbare Steine, Mais, Gold, Piment, Kleidung, Baumwollballen und gewebte Decken.

Azteken bedeutende und hochgeachtete Tätigkeiten dar, denen sich auch die vornehmsten Adligen widmen. Die Kunsthandwerker, die Edelmetalle, *Jade*, Türkise und Federn bearbeiten, tragen den Titel „Teolteken", denn die Erfindung der handwerklichen Techniken wird der alten Kultur von Tula und ihrem sagenhaften Helden, dem Gottkönig Quetzalcóatl, zugeschrieben. Die Kunsthandwerker bilden in einigen Vierteln Zünfte mit eigenen Göttern und besonderen Riten.

Mexiko-Tenochtitlan, Texcoco und Tacuba gründen 1428 eine dauerhafte Koalition: den Dreierbund.

Zu Beginn des 15. Jahrhunderts beginnt Texcoco, sich als Vormacht zu etablieren. Der Tepaneke Tezozomoc unternimmt es nun, seine Herrschaft über das Tal von Mexiko zu sichern. Ein Krieg bricht aus, und 1418 muß der Herrscher von Texcoco die Stadt verlassen. Ein großer Teil des Territoriums von Texcoco fällt im folgenden unter tepanekische Vorherrschaft, während den Mexica eingeschränkter Zugriff auf Texcoco sowie ein Teil des Tributs der unterworfenen Völker zugestanden wird...

D er Gold- und Silberschmuck wird mit Hilfe des Wachsausschmelzverfahrens hergestellt. Das Schmuckstück wird zunächst in Kalk geschnitten, dann mit Wachs ausgegossen. Die Wachsform wird mit einem Gipsmantel versehen. Das flüssige Gold oder Silber schmelzt dann das Wachs aus dem Gipsmantel und nimmt die Form des Modells an.

Aber das von Tezozomoc errichtete Imperium überlebt ihn kaum: Die Fehler seines Nachfolgers bereiten der tepanekischen Herrschaft ein jähes Ende. Der um 1426 an die Macht gelangte Führer von Atzcapozalco bringt Mexiko-Tenochtitlan und Texcoco als Verbündete gegen sich auf. Nachdem Nezahualcoyotl seine Herrschaft über Texcoco gefestigt hat, fällt Atzcapozalco 1428 nach einer Belagerung von 114 Tagen. Damit ist es dem *Dreierbund* gelungen, die tepanekische Vormachtstellung zu brechen. Die wesentlichen Elemente der politischen Szene, die die Spanier im Jahr 1519 vorfinden, sind geschaffen. Aus dem Dreierbund ist das „Aztekenreich" geworden, gerade als in Europa der Hundertjährige Krieg zu Ende geht.

Die goldene Maske des Gottes Xipe Totec (oben) und der Brustschmuck aus Gold (links) aus einem Grab in Monte Alban zählen zu den wenigen Edelmetallfunden, die der Raffgier der Spanier entgehen. Die Kleidung der Mexica ist verhältnismäßig schlicht; Schmuck und Kopfputz zeigen ihren sozialen Rang an.

ZWEITES KAPITEL

DIE BAUMEISTER DES REICHS

Im Jahr 1440 wird Motecuhzoma I. Nachfolger *Itzcóatls.* Der gerade 40jährige Motecuhzoma, ein faszinierender Herrscher, in dem man allgemein den Begründer der Größe der Mexica sieht und der als „Vater des Aztekenreichs" in die Geschichte eingeht, nimmt die Zügel eines sagenhaften Imperiums in die Hand. Seine Regentschaft beginnt aber mit einer Reihe furchtbarer Katastrophen.

Der aztekische Kalender der Mexica wird, fast genauso wie Kaktus und Adler, das Symbol der mexikanischen Nation. Der „Sonnenstein" stellt in einem Kreis ein menschliches Gesicht mit heraushängender Zunge dar. Es wird herkömmlich als das Gesicht Tonatiuhs, des Sonnengottes, gedeutet, der menschliches Blut als Opfer fordert. Links Tlaloc, der Regengott.

Sofort nach seiner Machtergreifung beginnt Motecuhzoma I. einen Feldzug gegen die *Chalcos*, die an den Hängen der hohen verschneiten Vulkane im Südosten des Tals von Mexiko leben. Der Krieg wird bald von einer furchtbaren Hungersnot unterbrochen. Im Jahr 1446 fällt die Ernte einer Heuschreckenplage zum Opfer. Drei Jahre später setzen Überschwemmungen die Stadt unter Wasser.

In den Jahren 1450–1454 kommt es zu einer Serie von Kälteeinbrüchen und Mißernten. Infolge der Ereignisse herrscht im ganzen Tal Panik, und der Hunger wütet mehrere Jahre. Dem Historiker Chimalpain zufolge erinnern sich die Menschen auch noch eineinhalb Jahrhunderte später mit Schrecken an die am Himmel kreisenden Geier und die im Tal herumirrenden abgezehrten Menschen. So wirft diese Reihe von Unglücken ein schlechtes Licht auf die Schwächen einer Macht, die auf einer noch äußerst losen Verwaltung beruht.

Dem Glauben der Nahua zufolge kann das Ende eines Zeit-Zyklus den Weltuntergang bedeuten.

Die Führer sehen sich vom Ausmaß der Katastrophen überfordert und lassen die Massen in ihrem Schicksal allein. Für eine Macht, deren zentrale Aufgabe darin besteht, das Volk zu schützen, bedeutet dies ein fatales Scheitern; die Mexica-Gesellschaft ist in ihren Grundfesten erschüttert. Glücklicherweise gibt es im Jahr 1455 ergiebige Regenfälle, so daß große Mengen Mais geerntet werden können. Aber dasselbe Jahr fällt mit dem Ende eines Zyklus von 52 Jahren zusammen, einem entscheidenden

Die Zeitrechnung der Alten Mexikaner basiert auf der Verzahnung eines Sonnenkalenders von 365 Tagen und eines Wahrsagekalenders von 260 Tagen. Jeder Tag des Sonnenkalenders trägt den Namen des rituellen Tages, der dieser Kombination entspricht. Das Jahr beginnt stets mit einem der vier „Trägerzeichen": dem Schilfrohr, dem Opfermesser, dem Haus und dem Kaninchen. Um die beiden Kalender in Übereinstimmung zu bringen, wird jedes der vier Zeichen mit den 13 rituellen Zahlen kombiniert, was 52 Jahre ergibt.

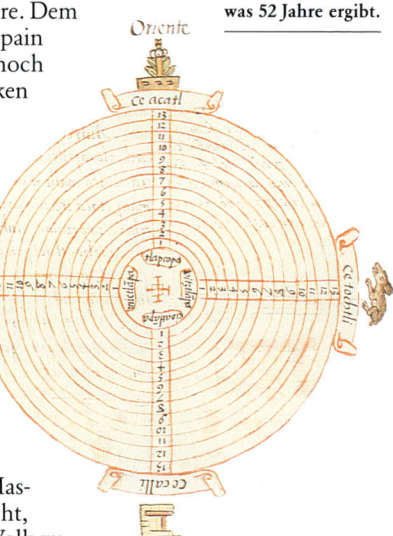

Datum, das von zahlreichen Zeremonien begleitet wird und große Angst hervorruft: Wenn sich um Mitternacht der Durchgang der Plejaden nicht vollzieht und das Feuer auf dem „Hügel der Sterne" nicht wieder entzündet wird, ist die Welt zum Untergang verurteilt. Die Nahua glauben, daß unser Universum vergänglich ist und daß die Zeit in einer Verkettung von Zyklen besteht, die ins Nichts münden. Das Schicksal der Welt ist bestimmt durch das Datum, das auch ihre Geburt markiert, an dem die Sonne sich in Bewegung setzt: „nahui ollin". Die Dämonen der Dämmerung, die in der Tiefe des Westens die Schicksalsstunde erwarten, fallen über die Lebenden her. Aber dieses Mal werden die Feuer in den Tempeln entfacht: Die Welt ist noch einmal gerettet. Die Katastrophen der Jahre 1450 – 1454 werden dem Zorn der Götter zugeschrieben.

Der Wechsel von einem 52-Jahre-Zyklus zum nächsten ist Gegenstand der Neufeuer-Zeremonie. Bei Sonnenuntergang steigen Priester auf die Pyramiden und erwarten den Aufgang des Siebengestirns. Dann entfachen sie ein neues Feuer in der geöffneten Brust eines Geopferten. Läufer tragen es mit Fackeln in die anderen Tempel des Landes.

fiesta delos niños a los treze dias pelagna delos niños
lla y de y delicema/ aqui naentra
en mujer

Dios delos niños
el año seguia y aqui
en me[?]xico tenia yqu
olos altos ta[?]blan tenia

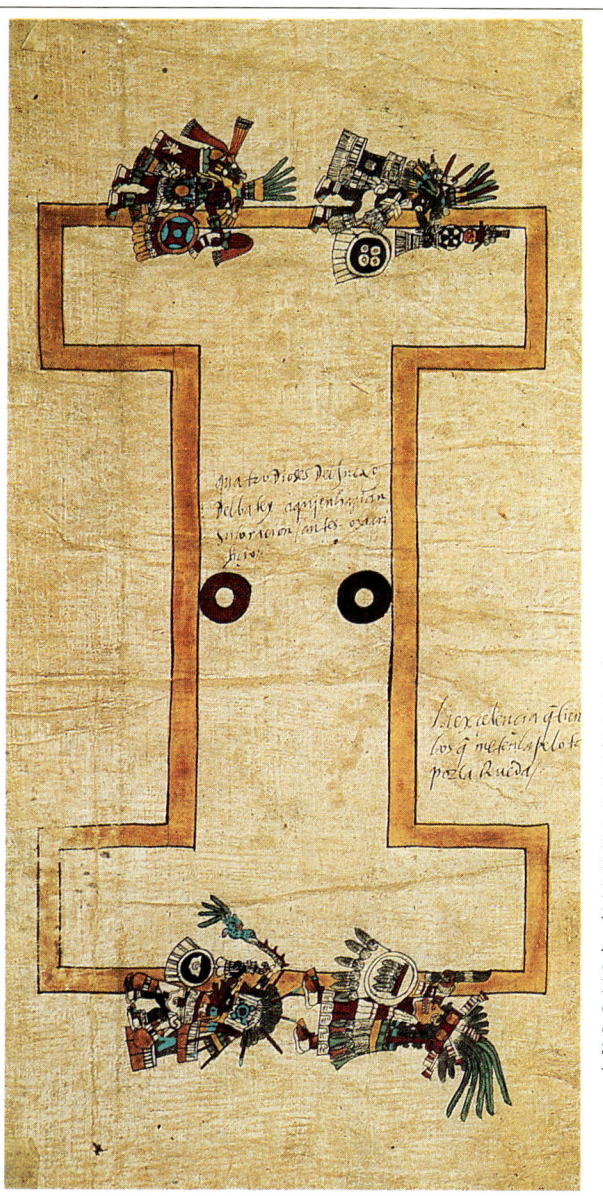

Die Feste, 200–300 im Jahr, sind ein wichtiges Element im indianischen Leben. Sie sollen das Individuum in die Gesellschaft einbinden und übermitteln durch die Wiederholung der Riten verschiedene Vorstellungen und Bewertungen der Zeit. Die „xocotl"-Zeremonie (links) findet im zehnten Monat des Jahres statt. Die sich an der Hand haltenden Personen sind Gefangene, die mit einem Lendenschurz und einem Papiermantel bekleidet sind. Sie tanzen in der Nacht, bevor sie am Morgen auf einem Scheiterhaufen zu Ehren Paynals geopfert werden. Das „tlachtli" genannte Ballspiel (rechts) wird in den Manuskripten durch einen Plan in Form eines doppelten T dargestellt. Zwei Felder stehen sich gegenüber, und das Spiel besteht darin, einen Ball in das gegnerische Feld zu befördern, den die Spieler nur mit den Knien oder den Hüften berühren dürfen. An den Seitenmauern sind zwei Steinringe befestigt, durch die hindurch sie den Ball schlagen müssen. Wie alle Spiele der Azteken hat auch dieses eine symbolische Dimension: Die Einfriedung versinnbildlicht die Welt, der Ball die Sonne oder den Mond.

Motecuhzoma I. entschließt sich zu einem langen Krieg zwischen dem Dreierbund und den jenseits der Vulkane lebenden Nahua.

Um genügend Menschenopfer zur Besänftigung der Götter zu haben, müssen soviel Gefangene wie möglich gemacht werden. Daher werden regelmäßig Kriege ohne echte Gewinner und Verlierer geführt. Solche Scheinkriege bilden gleichzeitig ein großes Spiel, ein regelmäßiges Training für weiter in die Ferne führende Feldzüge und ein sorgfältig orchestriertes Ritual, damit die Götter weiterleben und die Welt fortbesteht. Sie werden als „Blumenkriege" bezeichnet.

Das höchste Ideal, das der aztekischen Berufung am nächsten kommende Schicksal ist, im Kampf oder auf dem Opferstein zu sterben. So verbindet man sich mit dem Sonnengott auf seinem Triumphmarsch. Junge Krieger werden „Gefährten des Adlers". Dieser Glaube rechtfertigt über vier Jahrhunderte die Blumenkriege.

Diese Kriege sind wohl kaum eine neue „Erfindung", sondern vielmehr die Systematisierung von früheren, schon den Alten Mexikanern bekannten Praktiken. Das bedeutet aber nicht, daß alle von den Nahua entfesselten Kriege reine „Blumenkriege" sind: Die rituelle und kosmische Dimension des Konflikts deckt sich oft mit strategischen oder wirtschaftlichen Zielen. Aber wie dem auch sei, von nun an sind die Beziehungen zwischen dem Dreibund und den Völkern des Tals von Mexiko durch dauernde Feindseligkeiten gekennzeichnet. Sie setzen sich bis zur Ankunft der Spanier fort, die sie sich zunutze zu machen wissen.

Mit der entschlossenen Wiederaufnahme der Expansion werden die Feindseligkeiten in die reichen tropischen Gegenden getragen, wohin sich die hungernden Menschen aus dem Tal von Mexiko geflüchtet hatten. In den Ländern am Golf von Mexiko herrscht ein Überfluß an Federn, Edelsteinen, Baumwolle und bunten Stoffen, Waren, an denen die herrschende Schicht großes Interesse hat.

Motecuhzoma I. erobert die tropischen Provinzen.

Motecuhzoma I. beginnt seinen Feldzug mit Angriffen gegen den Südosten. 1458 erobert er einen wichtigen Markt, die berühmte Stadt Coixtlahuaca. Die Stadt ist ein altes Kulturzentrum, berühmt für ihre gemalten Codices und ihre Goldschmiedekunst. Sie bildet eine Schlüsselposition auf der Route ins Land der Mixteken und öffnet darüber hinaus den Weg in das ferne Guatemala.

Anschließend fallen die Truppen Motecuhzomas in die westlichen Golfregionen ein, wobei sie die Huaxteken und die Totonaken tributpflichtig machen. Im Jahr 1446 führt einer der letzten

Die Uniform des „Jaguar-Ritters" paßt sich der Körperform an. Die klassische Rüstung des Kriegers, „ichcahuipilli" oder „Baumwollpanzer", ist ein gepolsterter Überrock, um die Pfeile abzuhalten.

Feldzüge Motecuhzoma in die sich jenseits der Vulkane erstreckenden Gegenden. Dabei wird Tepeaca eingenommen, die die strategisch wichtige Handelsroute nach Süden und Südosten kontrolliert. Die Eintreibung des Tributs, die sorgfältige Sicherung strategischer Basen auf den Handelswegen machen deutlich, in welchem Maß es vor allem wirtschaftliche Motive sind, die die militärischen Unternehmungen des Dreierbunds bestimmen.

Die Expansion des Dreierbunds geht mit einer tiefgreifenden Neuordnung der Mexica- und Texcoco-Gesellschaft einher.

Das Leben der Herrscher und Höflinge in Mexiko-Tenochtitlan wie in Texcoco wird von nun an durch eine komplexe Etikette bestimmt. Als Indiz für die fortschreitende Zentralisierung der Macht genießen Motecuhzoma und sein Ratgeber *Tlacaelel* außerordentliche Privilegien, die sie von der übrigen Aristokratie abheben. Reichtum und Ausarbeitung des Schmucks und der Kleidung werden offen zur Schau gestellt und haben die Funktion, die soziale Stellung ihres Trägers anzuzeigen. So sind Armbänder, glitzernde Federn, Golddiademe und grüne Steine dem Adel vorbehalten.

Prinzen und Würdenträger machen ausgiebigen Gebrauch von den grünen Federn des Quetzal und den roten und gelben der Papageien.

Das Tragen von Baumwollkleidung, die Länge der Mäntel sind durch strikte Bräuche festgelegt, deren Mißachtung streng bestraft wird. Zwar spielt Eleganz auch eine Rolle, doch sind die Kleidungsvorschriften in erster Linie ein Zeichen für die soziale Stellung und dazu bestimmt, das Volk vom Erbadel zu unterscheiden. Dennoch ist das System nicht starr: Die Krieger, die sich durch ihre Verdienste auszeichnen, erhalten ebenfalls ihren Anteil an Ehrungen und Schmuck: Ketten aus Muscheln oder Knochen sowie Adlerfedern. Das Volk seinerseits begnügt sich mit Obsidian-Ohrringen und Kaninchenfellen. Genau besehen zeichnet sich hier aber ein wesentlicher Zug der Nahua-Kulturen ab: Diese Konventionen haben nicht nur zum Ziel, die sozialen Schichten zu unterscheiden, sondern auch das Individium so weit in die Gesellschaft zu integrieren, daß die persönlichen Unterschiede praktisch ausgelöscht werden. Ebenfalls unter der Herrschaft Motecuhzomas I. und seines Verbündeten aus Texcoco, Nezahualcoyotl, werden systematisch Gesetze erlassen, in denen

Die Bearbeitung der Federn, Aufgabe der Federkünstler, geht folgendermaßen vor sich: Man stellt ein Gerüst von Schilfrohren her, das mit einer Reihe von gewöhnlicheren Federn bedeckt wird, die einen soliden Untergrund abgeben. Dabei werden die Federn immer auf dieselbe Art befestigt: Die Federkiele werden durch ein winziges Bambusrohr verstärkt und mit Agavenfäden in kleinen Büscheln zusammengebunden. Das Ganze befestigt man mit einem stärkeren Faden auf dem Gerüst. Wenn diese Reihe angebracht ist, verfährt man mit den kostbaren Federn (Quetzal, Ara usw.) ebenso, d. h. ihre Kiele werden verstärkt, bevor man sie auf das Gerüst näht. Der weiße Flaum der Quetzalfedern (die ihrerseits metallisch grün sind) wird mit einem Saum von rosafarbenen Federn bedeckt. Das Ganze wird am Ende oft mit Edelsteinen verziert.

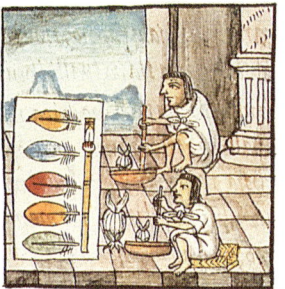

Strafen für Ehebrecher, Betrunkene und Diebe festgelegt werden. Besonders streng sind die Sanktionen für Straftäter adliger Herkunft. Man hält es offenbar für unstatthaft, daß die Mächtigen ein schlechtes Beispiel geben. Andere Maßnahmen zielen darauf, die Integrität der Richter zu sichern. Aber diese Verfügungen betreffen nur die Bevölkerung Mexikos und Texcocos.

Die militärischen Expeditionen des Dreierbunds sind von großer Schlagkraft, enthüllen gleichzeitig aber eine gewisse Schwäche.

Die Stellungen der Mexica in den entfernten Gegenden sind kaum gesichert: Vor Ort gibt es weder fest stationierte Garnisonen noch Nahua-Gouverneure, die dort leben. Man setzt lediglich einen Beamten ein, der damit beauf-

Der geopferte Gefangene ist kein Feind mehr, den man tötet, sondern ein Bote, den man zu den Göttern schickt und der selbst mit einer beinahe göttlichen Würde ausgestattet ist. Wenn ein Mann einen Gefangenen macht, sagt er: „Hier ist mein geliebter Sohn", und der Gefangene antwortet: „Hier ist mein verehrter Vater."

tragt ist, den Tribut einzutreiben und den Transport nach Mexiko-Tenochtitlan zu überwachen. Ansonsten respektieren die Mexica und ihre Verbündeten die lokalen Mächte, Institutionen und Traditionen. Abgesehen von einer kleinen militärischen Elite, die aus „Jaguar-Rittern" und „Adler-Rittern" besteht und zu klein ist, um die Aufgaben von Besatzungstruppen zu übernehmen, gibt es keine reguläre Armee. Und auch wenn die Mexica zuweilen den

Kult ihres Schutzgottes Huitzilopochtli durchsetzen, so greifen sie sonst doch nicht in die lokalen religiösen Gewohnheiten ein. Die Idee der Mission ist den Völkern des Alten Mexiko vollkommen fremd (während sie bei der Christianisierung ein wesentliches Element darstellt).

Weitere bedeutende Hindernisse für eine echte Kontrolle: die riesigen Entfernungen und die fehlenden Transportmittel.

Die Truppen von Mexiko-Tenochtitlan und die Tributkarawanen müssen mehrere hundert Kilometer zurücklegen, Berge und Schluchten überwinden, sich durch eine oft feindliche Vegetation schlagen und kahle und kalte Hochebenen erklettern, bevor sie die tropischen Abhänge herabsteigen, die sie zum Atlantik oder Pazifik führen.

Der wichtigste Herrschertitel ist Tlatoani, der „Sprecher". Ein anderer lautet Tlacatecuhtli, „Herr der Menschen", d. h. der Krieger. Seine vornehmliche Aufgabe ist es, nicht nur die Armeen der Mexica, sondern auch die der verbündeten Städte zu befehligen. Unter den ihn umgebenden Würdenträgern haben die ranghöchsten, zumindest ursprünglich, militärische Aufgaben inne.

Die Schwierigkeiten sind um so größer, als diese Gesellschaften weder Esel noch Pferd kennen und auch das Rad nicht benutzen: Alles muß auf dem eigenen Rücken transportiert werden.

Es ist also verständlich, daß die lokalen Autoritäten zuweilen versucht sind, die Vorherrschaft der Mexica abzuschütteln. Doch haben solche Revolten meist brutale Repressalien zur Folge, bei denen die Rebellen oft getötet und die Tributforderungen deutlich erhöht werden.

Die Macht der Steuereinnehmer als einzigen Vertretern des Dreierbunds beruht letztlich auf dem Bild, das sie von sich vermitteln.

Um seine Machtstellung zu festigen und auszubauen, nutzt der Dreierbund sowohl Repression und Waffengewalt als auch subtilere Methoden. Verhandlungen wie auch ein latenter, sorgsam aufrechterhaltener Terror zählen zu seinen Mitteln. So werden von Zeit zu Zeit die dem Dreierbund noch nicht unterworfenen Führer oder die Verwandten der gerade Besiegten nach Tenochtitlan eingeladen, um an dort zelebrierten Menschenopferungen teilzunehmen. In größtem Luxus empfangen, können sie in aller Muße beobachten, wie die Kriegsgefangenen, häufig ihre eigenen Verwandten, den Göttern Mexiko-Tenochtitlans dargebracht werden. Es ist unmöglich, eine solche Einladung abzulehnen, denn jede Verweigerung würde automatisch den „casus belli" bedeuten.

Der Dreierbund versteht es auch, die Zusammenarbeit mit den *Satellitenvölkern* des Tals von Mexiko zu sichern: Im Austausch gegen Truppen gestehen ihnen die Mexica einen Teil der Kriegsbeute zu. Weiter entfernt liegende Städte erhalten bevorzugte Behandlung, durch die man sich ihre Loyalität erhält. Andere betraut man mit dem Schutz der Grenzen und befreit sie dafür vom Tribut.

Das Reich gleicht also einem riesigen Spinnennetz, in dessen Zentrum der Dreierbund sitzt und dessen tausend Vernetzungen von Heiratsallianzen, gegenseitigen Dienstleistungen, Abhängigkeiten und Erpressungen zusammengehalten werden. Das Ganze ist einigermaßen geschmeidig und bildet eine Macht, die ohne effiziente Transportmittel und ohne das Kommunikationsmittel der alphabetischen Schrift sehr gut auskommt. Damit unterscheidet sie sich grundlegend von den europäischen stark zentralisierten und totalitären Mächten.

In Tenochtitlan ist jeder Mann ein Krieger. Aber um die höchsten Würden zu erreichen, muß er Gefangene machen. Erst dann darf er Federschmuck und lederne Armbänder tragen. Die höheren Ehrenränge stehen ihm offen: Er kann „quachictli" oder „quauhchichimecatl" werden.

Das Reich wird nicht allein von Tenochtitlan beherrscht. Texcoco, Partner im Dreierbund, ist mehr als nur ein Verbündeter.

Die verbündete Stadt erhält wie Tenochtitlan zwei Fünftel des Tributs. Sie nimmt an den Feldzügen teil, dehnt ihren Einfluß auf die benachbarten Städte und den Nordosten des Landes aus und bezieht einen Tribut aus den Tiefländern Mexikos. Dank ihres großen Herrschers Nezahualcoyotl übt sie schließlich auch einen bemerkenswerten kulturellen Einfluß aus.

Ziel des Kriegers ist es, einen der hohen militärischen Orden zu erreichen: den der „Jaguar-Ritter" (Soldaten Tezcatlipocas), deren Kriegsbekleidung aus einem Jaguarfell besteht, oder den der „Adler-Ritter" (Soldaten des Sonnengottes) mit einem Helm in Form eines Adlerkopfes.

Mit seinem Ansehen als Gesetzgeber – er setzt Gesetze seines toltekischen Vorfahren Quetzalcóatl wieder in Kraft –, als Baumeister und Dichter, gleicht Nezahualcoyotl einem Renaissancefürsten. Man erzählt sich von ihm, daß er von den Göttern abstamme und unsterblich sei, dieselben Qualitäten also, die auch sein Verbündeter Motecuhzoma für sich in Anspruch nimmt. Einer der Nachkommen Nezahualcoyotls, der Geschichtsschreiber Alva Ixtlilxochitl, beschreibt ihn als einen Herrscher, der über göttliche Intuition verfüge, und als „den stärksten, tapfersten und weisesten Prinzen (…), den es in dieser Neuen Welt je gab".

Nezahualcoyotl (1402 – 1472), König von Texcoco, Dichter, Philosoph und Architekt, ist ein typischer Repräsentant der klassischen mexikanischen Kultur.

Für Texcoco und Mexiko-Tenochtitlan ist der Tribut lebenswichtig.

In scheinbar unendlich langen Schlangen befördern Träger aus allen Teilen des Reichs den Tribut in die Hauptstadt der Mexica. Er umfaßt alle Waren, die im Alten Mexiko produziert und konsumiert werden. Mehrere zehntausend Tonnen Lebensmittel, über 100 000 Kleider aus Baumwolle, mehr als 30 000 Bündel Federn und eine beeindruckende Anzahl wertvoller Objekte und seltener Tiere machen den Tribut eines Jahres aus. Die Abgaben werden am Ausgangsort von den lokalen Beamten überwacht

Spuren der Buchführung sind in mehreren Codices zu finden. Der Verwendungszweck der Waren ist vielfältig: In einer Gesellschaft, die keinen Unterschied macht zwischen Arbeit und religiösem Ritus und in der sich die Zeremonien während des ganzen Jahres unablässig aneinanderreihen, dient ein Teil des Tributs dazu, den Festen ihren Prunk zu verleihen. Ein anderer Teil ist für die Verwaltung, den Unterhalt der Stadtbevölkerung und für die Deckung der Kriegskosten bestimmt.

Ein Teil wird durch Vermittlung der Kaufleute von Tlatelolco, die ihn gegen andere Güter eintauschen, wieder in Umlauf gebracht. Zum Tribut kommen die Arbeitskräfte, die die unterworfenen Völker für Mexiko-Tenochtitlan stellen müssen und die an den großen Bauvorhaben in der Hauptstadt teilnehmen.

Im Jahr 1465 unternimmt Motecuhzoma I. den letzten Feldzug seiner Herrschaft. Nach etwa 20 Jahren der Feindseligkeiten gelingt es ihm, Chalco zu erobern. Kurze Zeit später, 1468, stirbt er. Er geht als der unermüdliche Baumeister der Macht der Mexica in die Geschichte ein.

Die hier dargestellten Tributgegenstände enthalten u. a. (im unteren rechten Teil) zwei Posten von 400 Ballen getrockneten Piments und einen Quetzal-Federschmuck.

Drittes Kapitel

DIE MEXICA EROBERN DIE WELT

Vier Jahre nach Motecuhzoma, im Jahr 1472, stirbt auch sein großer Verbündeter aus Texcoco, der König-Dichter Nezahualcoyotl. Der Dreierbund wird am Ende mit der Gestalt seiner berühmten Gründer identifiziert. Danach fällt er an mittelmäßige Nachfolger – zu einer Zeit, in der Tenochtitlan Krisen und Schicksalsschläge durchleidet.

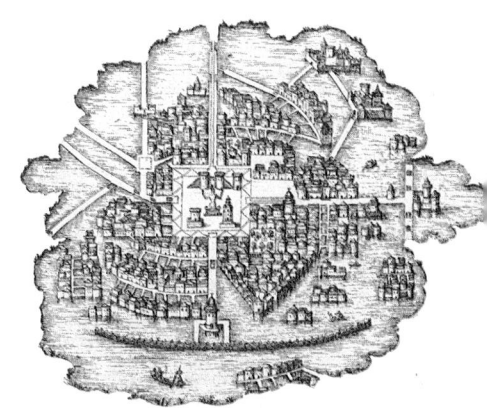

Der Anblick der mit menschlichem Blut besudelten 114 Stufen des Teocalli (nahuatl: „Haus Gottes"), eines der beiden Heiligtümer des Großen Tempels von Mexiko, läßt die Spanier bei ihrer Ankunft schaudern.

Die schlimmste Krise bricht 1473 aus, als Tlatelolco, der wichtigste Markt der Mexica, sich gegen die Schwesterstadt Mexiko-Tenochtitlan, die unmittelbare Nachbarin, stellt. Vermutlich ist Tlatelolco, das sich an den Eroberungen von Itzcóatl und Motecuhzoma erheblich bereicherte, nicht länger bereit, die Vorherrschaft von Mexiko-Tenochtitlan zu akzeptieren.

Dies bekommt der Stadt schlecht. Axayacatl, der Nachfolger Motecuhzomas, geht aus der Konfrontation als Sieger hervor. Er verwüstet die Stadt und beraubt sie ihrer Autonomie, derer sie sich bisher erfreute. Dennoch beherbergt Tlatelolco bis zur spanischen Eroberung äußerst aktive Geschäftsleute, die ganz Mexiko bereisen. Es behält auch seinen großen Markt, dessen Reichtümer die Conquistadores ein halbes Jahrhundert später voller Bewunderung aufzählen: Gold, Silber, Edelsteine und Türkise, Sklaven, Kakao, Ozelotfelle und Hirschleder, Wildbret, Tabak, Kräuter...

Axayacatl unternimmt wiederholt Feldzüge gegen die Regionen im Westen und Nordwesten. Aber die Feldzüge enden mit einem Fehlschlag: Die Tarasken von Michoacan erweisen sich als ebenso zäh wie es die Tlaxcalteken gewesen waren. Sein Nachfolger Chimalpopoca macht es kaum besser und stirbt, der Sage nach von einem Fürsten des Tals von Mexiko verhext, sehr früh.

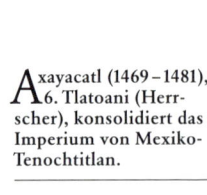

Axayacatl (1469–1481), 6. Tlatoani (Herrscher), konsolidiert das Imperium von Mexiko-Tenochtitlan.

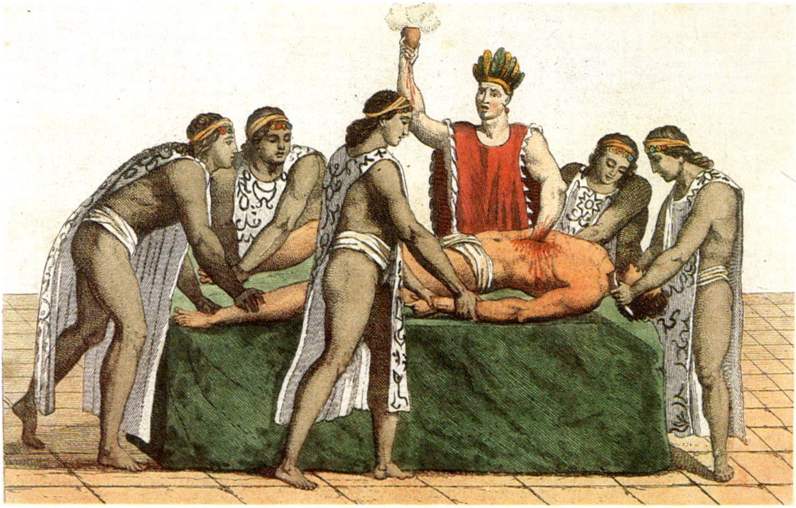

Nach zwei mittelmäßigen Regentschaften erhalten die Mexica wieder einen Herrscher, der des Reiches würdig ist, einen genialen Strategen: Ahuitzotl, den Krieger.

Als Ahuitzotl 1486 an die Macht kommt, führt er sofort mehrere Feldzüge gegen aufständische Provinzen: Sie liefern ihm die von seinen Priestern geforderten Gefangenen. Währenddessen nähern sich die unter Motecuhzoma I. begonnenen Arbeiten am Großen Tempel ihrem Ende. Das Bauwerk wird mit prachtvollen Festen und einem Massenopfer eingeweiht. Es gibt Quellen, die von 20 000 Opfern in vier Tagen sprechen. Wenn diese Zahl vermutlich auch übertrieben ist, so kann man doch davon ausgehen, daß mehrere tausend Männer und Frauen den Göttern der Stadt Mexiko-Tenochtitlan geopfert werden. Die auf den Tod vorbereiteten Gefangenen bewegen sich in riesigen Schlangen von Norden, Osten, Süden und

Im Alten Mexiko geht es im Menschenopfer (oben) um die kostbarste Gabe der Menschen an die Götter: ihr Blut. Der rituelle Kannibalismus (unten), der die Spanier am meisten abstößt, ist in den Augen der Azteken die Teilhabe an einer geistigen Idee: Es handelt sich um eine Art Kommunion.

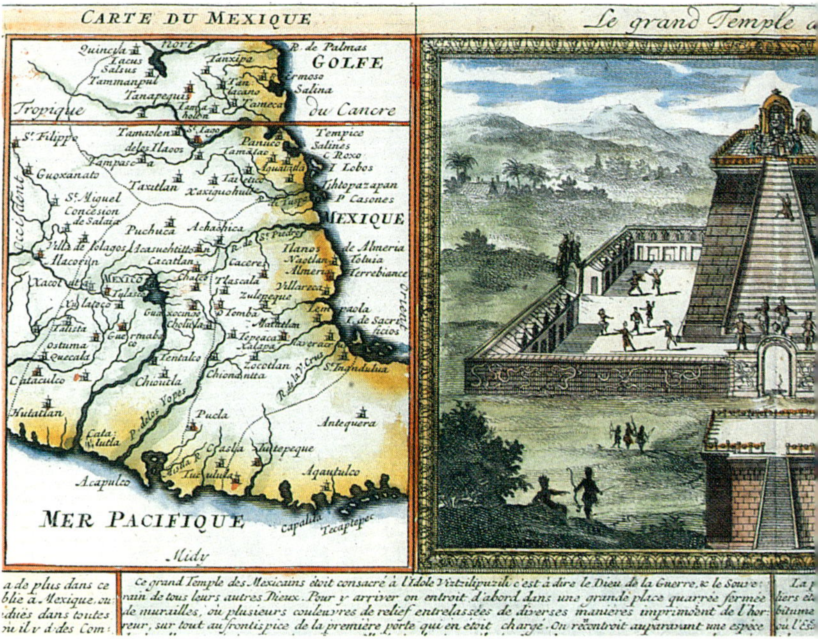

CARTE DU MEXIQUE

Le grand Temple

a de plus dans ce
ble à Mexique ou
diés dans toutes
ni il y a des Com:

Ce grand Temple des Mexicains étoit consacré à l'Idole Vitzilipuzili c'est à dire le Dieu de la Guerre, & le Souve-
rain de tous leurs autres Dieux. Pour y arriver on entroit d'abord dans une grande place quarrée fermée
de murailles, où plusieurs couleuvres de relief entrelassées de diverses manieres imprimoient de l'hor-
reur, sur tout au frontispice de la premiere porte qui en étoit chargé. On recevoit auparavant une espece

La p
tiere éta
stitume
où l'es

Dances appellées Mitoles.

Idole de Viztzili

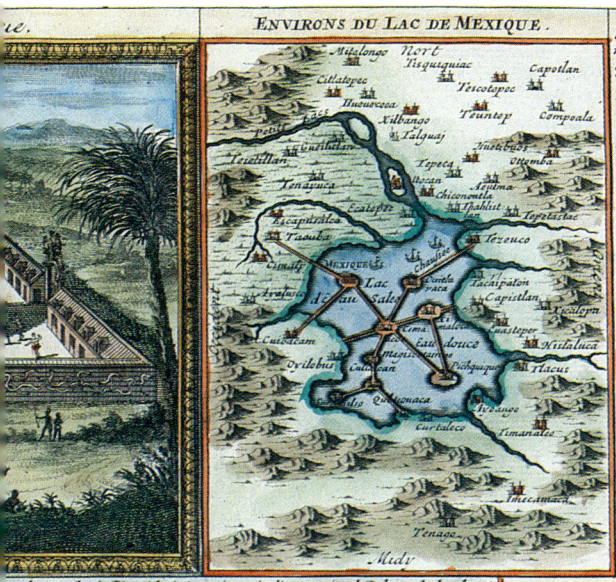

ut de cette demie Piramide, etoit environnée d'une espece de Balustrade dont les pi-
illes de limaçon & revetus de pierre noire semblable au jeais, jointe par le moïen d'un
rmoit beaucoup d'agremens à tout l'Edifice. Aux deux cotez de la balustrade à l'endr
Statues de marbre soutenoient deux grands Chandeliers d'une façon extraordinaire.

les autres embar
les faites d'un s
contenir un homm

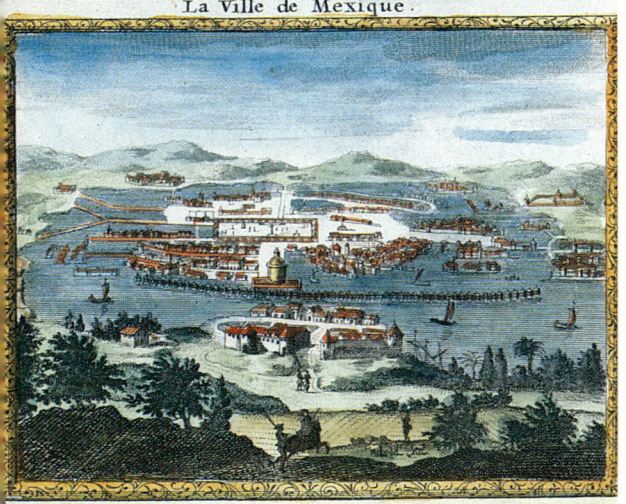

La Ville de Mexique.

Bei ihrer Ankunft in Tenochtitlan sind die Spanier überaus beeindruckt von der Schönheit, Ordnung und Sauberkeit der Stadt, die mit ungefähr 300 000 Einwohnern eine der größten Metropolen ihrer Zeit ist. Aber dieser günstige Eindruck verflüchtigt sich schnell, als sie das große Kultzentrum sehen. Der riesige Schutzwall, der eine Fläche von 400 x 300 m umschließt, beherbergt mehrere Dutzend Tempel. Der weiträumigste und größte ist der Große Tempel. Als die Spanier die blutbefleckten Stufen sehen, die zum Heiligtum Huitzilopochtlis führen, sind sie schockiert. Zudem werden sie von einem furchtbaren Geruch überfallen: Aus der Kultstätte schlägt ihnen Verwesungsgestank entgegen.

Westen auf die Kultstätten der Hauptstadt zu. Umgeben von den Führern Texcocos und Tacubas, die auf den Gipfel der Tempelpyramide gestiegen sind, eröffnet Ahuitzotl persönlich die Feierlichkeiten. Wenn die Priester davon erschöpft sind, die Brust der Opfer zu öffnen und die noch schlagenden Herzen herauszureißen, werden sie bei diesem endlosen Massaker von anderen abgelöst.

Das Schauspiel ist sicher grandios: In dem mit Blumen dekorierten Tempel wird unablässig gesungen und getanzt. Opfernde und Geopferte tragen den prächtigen Schmuck der Götter, deren Präsenz auf Erden auf diese Weise manifestiert wird. Über die Steinwände und Treppen der Pyramiden fließen Ströme von Blut. Man kann sich vorstellen, unter welch unerträglichem Geruch, den die Körper und Eingeweide ausströmen, die Opferungen stattfinden. Der Chronist Alva Ixtlilxochitl schreibt ein Jahrhundert nach der spanischen Eroberung: „Diese Schlächterei bleibt in der Geschichte ohnegleichen."

Die Mexica haben das Menschenopfer nicht erfunden. Es wird bereits etwa 1000 Jahre vorher in Teotihuacán praktiziert.

Wie soll man diese außergewöhnliche Inszenierung und dieses bis in die kleinsten Details organisierte Töten verstehen? Die Mexica erhöhen die Anzahl der Opfer ständig und sind wie besessen von dem Glauben an die Notwendigkeit solcher Opferungen. Die Motive sind vielfältig. Der erste und wichtigste Grund ist die göttliche und kosmische Ordnung: Die Götter der Nahua sind sterblich. Man muß sie also beständig ernähren, den Kosmos regenerieren und der Sonne bei ihrem täglichen Lauf helfen, um so den Untergang der zur Vernichtung bestimmten Welt zu vermeiden, oder besser: aufzuschieben. Ebenso soll die regelmäßige Rückkehr des Regens und die Fruchtbarkeit der Böden gesichert werden. Nicht zuletzt muß das Menschenopfer als wirkungsvolles Mittel angesehen werden, das die Terrorpolitik unterstützt und gleichzeitig dazu dient, die gefährlichsten Besiegten, die Anführer und Krieger, zu vernichten. In den mexikanischen Gesellschaften spielt das Schauspiel immer eine große Rolle. Die Macht

„Man durfte nur die Häuptlinge nicht töten (…). Der fürstliche Gefangene stieg dort hinauf, und man band ihn mit einer langen und dünnen Kordel am Spann fest. Man gab ihm einen Degen und ein Rundschild, und der, der ihn gefangengenommen hatte, kam, um gegen ihn zu kämpfen."
Der anonyme Eroberer, *Relations de quelquesunes des choses de Nouvelle-Espagne*

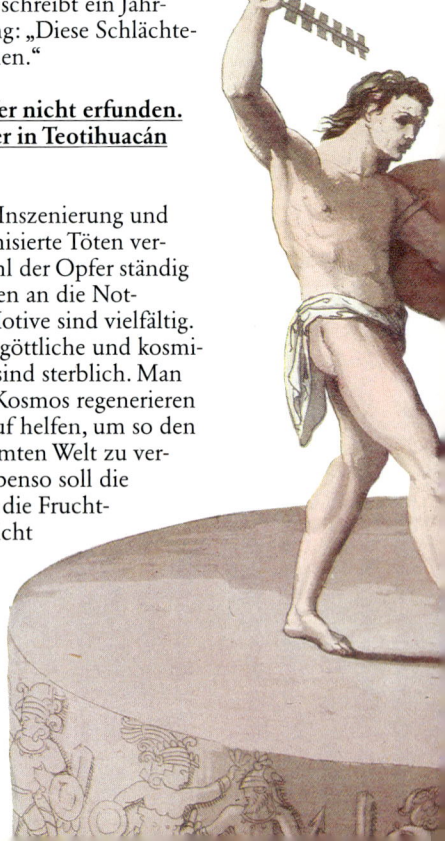

drückt sich weniger durch den Apparat einer komplexen und verästelten Bürokratie aus als in der gigantischen Zurschaustellung der Größe der Sieger.

Die grandiose Inszenierung von Opferungen ist vermutlich der Widerschein des Kosmos auf Erden, die Manifestation der Götter und die Verherrlichung des „wunderbaren" Huitzilopochtli.

Die zahllosen Tötungen liefern den Grundstoff aller lebensspendenden Energien: das „kostbare Wasser", d. h. das Blut, das für den Fortbestand des Kosmos unverzichtbar ist. Der Fortbestand der Welt muß ständig durch kolossale und minutiös geregelte Blutopfer in Gang gehalten werden. Bei dieser Gelegenheit erscheinen Priester wie

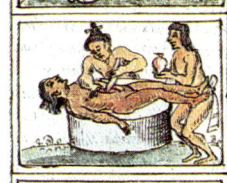

„Er wurde in Stücke geschnitten. Davon nahm man eine Lende für die Mahlzeit Motecuhzomas, der Rest wurde unter den Beteiligten oder den Verwandten aufgeteilt. Man aß ihn gewöhnlich im Haus dessen, der den Verstorbenen in Gefangenschaft geführt hatte. Man kochte das Fleisch mit Mais, und jeder bekam in einer kleinen Schüssel ein Stück mit etwas Bouillon und Mais; dieses Gericht hieß tlacatlolli. "

Fray Bernardino de Sahagún, Historia general de las Cosas de Nueva España

Opfer im Gewand von Gottheiten. Mehr noch, sie sind die Götter selbst. Sie schlüpfen dabei in die Haut der geopferten Menschen, und Mensch und Gottheit werden dadurch zu einem einzigen Wesen. So kann sich die göttliche Macht vor den Augen der Menge manifestieren. Das Opfer ist nicht länger ein Feind.

Mit unserer Erfahrung einer von Bildern geradezu überschwemmten Welt, die sich zunehmend mit der eigenen Wirklichkeit mischen, sind wir heute vielleicht besser in der Lage, diese Gesellschaften zu begreifen. Sie verwenden all ihre Kräfte und Mittel darauf, ein Schauspiel für sich zu veranstalten, das für das eigene Überleben, zur Festigung ihres Selbstverständnisses und dem Aufschieben der „Endzeitkatastrophe" dienen soll.

Die Vernichtung Tausender menschlicher Leben geht mit der Verschwendung von Reichtümern und Gütern einher. Sie dient dazu, die tributpflichtigen Völker und die Nachbarn zu beeindrucken. Daher wird auch der Tribut eines ganzen Jahres für die Krönungsfeierlichkeiten Ahuitzotls im Jahr 1487 ausgegeben oder besser investiert. Aus ganz ähnlichen Motiven heraus betreiben die reichen Händler bei ihren Banketten zügellose Verschwendung.

Opfermesser (unten) in Form einer Speerspitze, das aus einer Art Quarzstein hergestellt ist.

Die Priester (oben) legen das Opfer auf den Opferstein. Einer öffnet ihm mit einem Obsidianmesser die Brust, reißt das Herz heraus und verbrennt es in einer steinernen Urne. Das Opfer trägt Kleidung und Schmuck des Gottes und wird ixiptla, „Bild des Gottes", genannt.

Krieg, Tribut und Menschenopfer sind die Pfeiler eines Systems, das die Regierung der Menschen und die Regeneration des Kosmos miteinander verknüpft.

Die Notwendigkeit, sowohl die Herrschaft des Dreierbunds zu stärken als auch die Götter regelmäßig zu ernähren, führt Ahuitzotl dazu, eine ununterbrochene Expansionspolitik zu betreiben. So beginnen die Feldzüge wieder, zunächst gen Süden, in Richtung der warmen Landstriche, die sich zum Pazifik hin erstrecken. Gegen ihre Gewohnheit lassen sich hier die Gesandtschaften aus Mexiko-Tenochtitlan nieder. Sie haben die Aufgabe, Plantagen für eine Luxusware anzulegen, die dem Adel vorbehalten ist: Kakao. Darüber hinaus sollen sie die Grenzen zu den gefährlich werdenden Tarasken bewachen. Zwar unterstützt

„Sie ist quadratisch und ähnelt einem Schachbrett mit ihren geraden, breiten und gutgepflasterten Straßen, die den vier Himmelsrichtungen entsprechen: Deshalb sieht man sie als ganze nicht nur von der Mitte aus, sondern von jedem beliebigen Ort. "
Gemelli Careri, Voyages autour du monde

der Herrscher von Tex-
coco, der weise Neza-
hualpilli („Fastender
Edler"), das Unterneh-
men mit seinen Rat-
schlägen, doch wird ab
dieser Zeit deutlich
sichtbar, daß Mexiko-
Tenochtitlan sich das
Kommando über das
Militär vorbehält.

In dem Jahr, in dem Christoph Columbus die Großen Antillen entdeckt, erobert Ahuitzotl Acapulco.

Ahuitzotl fährt mit seiner Expansion fort und
besetzt zwischen 1491 und 1495 die Küsten-
striche des Pazifiks. Die unter Motecuhzoma I.
begonnene Eroberung der Provinz Oaxaca läßt
reiche Tribute an Gold, Purpur und gefärbter
Baumwolle nach Mexiko fließen. Noch weiter im
Süden wird die *zapotekische* Stadt Tehuantepec
Zielscheibe der Mexica. Begierig danach, sich dieses Handelsplatzes zu bemächtigen, führen sie
ihre ausgedehnteste Expedition durch. Dies stellt
die Mexica vor noch nie dagewesene Probleme
der *Logistik*, Verwaltung und Truppenkoordination.
   Im Jahr 1500 fordert Tehuantepec die Hilfe Ahuitzotls
gegen Socunosco, eine mehr als 1000 km von Mexiko
entfernte Region, die an der heutigen Grenze Guatemalas
liegt. Der Feldzug beginnt mit großen Schwierigkeiten:
Einmal mehr wird beträchtlicher Nachschub für den
Unterhalt der Truppen, die so weit entfernt operieren,
gebraucht. Darüber hinaus finden die Herrscher Tacubas
und Texcocos Vorwände, um sich Ahuitzotl nicht an-
schließen zu müssen. Dieser übernimmt daher allein das
Kommando über die Armeen und erobert Socunosco.
Damit endet der Vormarsch der Mexica jedoch, da die
Armeen des Dreierbunds sich an mehreren Fronten
gleichzeitig schlagen müssen (gegen die Fürstentümer des
Tals von Puebla, Huejotzingo und Tlaxcala). Da die Listen
über die Eroberungen einer jeden Regentschaft oft dieselben Stadthieroglyphen aufweisen, deutet alles darauf hin,
daß einige dieser Eroberungen nur sehr unsicher sind…

Während Ahuitzotl die Grenzen des Reichs weiter ausdehnt, gedeiht das Tal von Mexiko.

Da die Bevölkerung stetig wächst, wird es notwendig, die Agrarproduktion zu steigern und große Bewässerungssysteme anzulegen. Dank ausgedehnter Arbeiten gelingt es, dem salzigen See Süßwasserquellen zuzuleiten. Das überaus ehrgeizige Projekt wird jedoch mit einer Katastrophe bezahlt: Im Jahr 1500 zerstört eine Überschwemmung die Häuser und Gärten der Hauptstadt. Der Adel flieht, und Ahuitzotl ist gezwungen, auf den Rat seines Verbündeten aus Texcoco zurückzugreifen. Nezahualpilli, Sohn des Nezahualcoyotl, legt ihm nahe, das Aquädukt zu zerstören und die Götter mit Opfern zu besänftigen. Der Stratege folgt dem Rat des Weisen und beschließt den Wiederaufbau der Stadt.

Von den Städten des Tals entsandte Arbeiter werden unter die Adelsfamilien aufgeteilt, die die eleganten, leuchtend bemalten Paläste wieder aufbauen und wunderbare Gärten und *Patios* anlegen. Man bepflanzt die Ufer der Kanäle mit Bäumen und befestigt die Deiche. Die Hauptstadt bekommt ein neues Gesicht, Ausdruck des Reichtums und der Größe des Imperiums. Es ist diese neue Stadt, die die Truppen von Cortés fast 20 Jahre später in solches Staunen versetzt.

Doch treten bei der Überschwemmung die Spannungen innerhalb des Dreierbunds deutlich zutage. Ahuitzotl läßt einen Fürsten ermorden, der ihm von der Wasserzuleitung abgeraten hat. Dieser kaltblütige Mord löst im Tal von Mexiko Bestürzung aus. Der Herrscher von Texcoco, Nezahualpilli, weiß seinerseits von der Katastrophe zu profitieren, indem er Ahuitzotl eine Lektion erteilt und ihm den Beweis für seine „übernatürlichen" Kräfte liefert.

Mit demselben Talent wie sein Vater sichert Nezahualpilli die Macht Texcocos.

Dank der Weisheit, der Diplomatie und dem politischen Geschick Nezahualpillis behält Texcoco seinen außerordentlichen Einfluß. Wie auch sein Vater besitzt er ein immenses Wissen und besondere Gaben: Von ihm heißt es, er habe die Ankunft der „Sonnensöhne" (der Spanier) vorausgesagt. Anderen Quellen zufolge soll er dem Tod für immer entronnen sein, indem er sich in eine geheimnisvolle Grotte zurückzog. Die Legende schreibt ihm ein

Zur Zeit der spanischen Eroberung umfaßt die Stadt Tenochtitlan auch noch das benachbarte Tlatelolco. Dieses „Groß-Mexiko" reicht von der nördlichen Grenze Tlatelolcos bis hin zu den Sümpfen am Südufer der Insel, die nach und nach in den See übergehen. Eine Reihe von Flurnamen kennzeichnen die südliche Grenze des städtischen Raums: Toltenco („am Rand der Binsen"), Acatlan („Ort des Schilfrohrs"), Xihuitonco („Aue"), Atizapan („weißliches Wasser"), Tepetitlan („neben dem Hügel"), Amanalco („Wasserloch"). Im Westen endet die Stadt ungefähr auf der Höhe der Bucareli-Straße im heutigen Mexiko-Stadt, bei Atlampa („am Rand des Wassers") und bei Chichimecapan („Ufer der Chichimeken"). Im Osten dehnt sie sich bis zum Atlixco („auf der Oberfläche des Wassers") aus, wo das offene Wasser des Texcoco-Sees beginnt. Insgesamt umfaßt sie ein Quadrat von etwa 3 km Seitenlänge und eine Fläche von ca. 1000 ha.

überaus bewegtes Privatleben zu: Angeblich ließ er seine Hauptfrau hinrichten und bereitete seinen beiden Söhnen dasselbe Schicksal, weil deren Verhalten ihm mißfiel. Darüber hinaus soll er 2000 Konkubinen unterhalten haben, die ihm 144 Kinder schenkten, wobei er eine von ihnen besonders liebte, eine Dame aus Tula, deren Bildung und Sitten ihn entzückten. Die *Polygamie* ist bei den Nahua ein Privileg der Adligen, doch nimmt sie bei den Fürsten Ausmaße an, die an die beinahe göttliche Natur des Herrschers glauben läßt.

Die Größe des Reichs birgt zahlreiche Gefahren.

Der Expansion sind Grenzen gesetzt: Der Dreierbund beruht auf der Treue und dem guten Willen lokaler Führer, die häufig an Ort und Stelle in ihrer alten Funktion belassen werden. Aus Mangel an Mitteln und Männern ist die Kontrolle der eroberten Landstriche gar nicht möglich. Gebiete wie die Nahua-Fürstentümer von Tlaxcala und Huejotzingo entgehen der Mexica-Expansion. Im Nordwesten und Südwesten wird sie von den Tarasken gebremst, wenn nicht gar völlig blockiert.

Schließlich werden die fremden Völker kaum integriert, so daß immer das Risiko der Rebellion besteht. Die mittels der Eroberungen angehäuften Reichtümer haben vermutlich einen Teufelskreis zur Folge: Indem sie Aufschwung und Besiedelung des Tals begünstigen, ziehen sie vermehrte Forderungen und Bedürfnisse nach sich. Dennoch besteht kein

„Wir haben schon (…) erwähnt, daß der König von Texcoco Nezahualpilli den Ruf eines Zauberers besaß, und die glaubwürdigste Ansicht, die ich unter den Indianern finde, ist, daß er einen Pakt mit dem Teufel geschlossen hatte. "
Diego Durán, Historia de las Indias de Nueva España y Islas de Tierra firme

Zweifel daran, daß die Festigkeit der imperialen
Macht weitgehend davon abhängt, wie der Adel und
die Verbündeten des Dreierbunds an der Verteilung
des Tributs beteiligt sind. Um ihre Ansprüche zu
befriedigen, müssen unaufhörlich neue Expeditionen
ausgerüstet werden, die immer weiter in die Ferne
führen, immer gefährlicher und immer kostspieliger
sind…

Im Jahr 1502 wird Motecuhzoma II. Nachfolger von Ahuitzotl. Er nimmt eine absolutistische Machtstellung ein.

Von allen Mexica-Herrschern ist Motecuhzoma II.
der bekannteste. Er beachtet die Zeichen und Riten
aufs peinlichste und ist ebenso fanatisch religiös
wie leidenschaftlich machtgierig.

   Motecuhzoma ergreift gleich zu Anfang seiner
Herrschaft radikale Maßnahmen zur Veränderung
der Verwaltung. Die von seinem Onkel eingesetzten
Verantwortlichen werden beseitigt und durch junge,
sorgfältig ausgesuchte und ausschließlich aus den
besten Familien stammende Leute ersetzt. Dadurch
stärkt Motecuhzoma das Machtmonopol des Adels,
und die Etikette am Hof wird immer strikter. Mit
Motecuhzoma II. wandelt sich die Herrschaft der
Mexica in ein absolutistisches System; die Standes-
privilegien werden ausschlaggebend. Es ist nicht aus-
geschlossen, daß es sich dabei um eine Reaktion des
Militärs und der Priester auf den stetig wachsenden Einfluß
der reichen Kaufleute handelt, deren Aufstieg eine Folge
der territorialen Expansion des Dreierbunds ist.

   In der Außenpolitik geht es Motecuhzoma hauptsächlich darum, die noch bestehenden „Frontlücken" zu
schließen und zu kontrollieren. Zwischen den Städten des
Dreierbunds und den tributpflichtigen Völkern liegen
nach den Eroberungs- und Strafexpeditionen seiner Vor-
gänger oft *Enklaven*, manchmal ganze Landstriche, die
nicht tributpflichtig sind. Motecuhzoma macht es sich zur
Aufgabe, sie zu unterjochen und zu integrieren. So unternimmt er Feldzüge in Richtung Süden und Pazifik, um
die Provinz Oaxaca zu unterwerfen und das Fürstentum
Tutupec mit seiner alten mixtekischen Tradition zu zerschlagen. Im Norden versucht er, Mextitlan einzunehmen.
Doch sind diesen Expeditionen wechselnde Erfolge

Die Tage des Wahr-
sagekalenders tra-
gen 20 Zeichen: Wasser-
ungeheuer, Wind, Haus,
Schildkröte, Schlange,
Tod, Reh, Kaninchen,
Wasser, Hund, Affe,
Gras, Schilfrohr, Jaguar,
Adler, Geier, Erdbeben,
Feuersteinklinge, Regen,
Blume. Diese Zeichen
folgen immer in dersel-
ben Reihenfolge aufein-
ander. Dabei wird jedes
mit einer Zahl zwischen
1 und 13 kombiniert.

beschieden: Das Fürstentum Tutupec widersteht teilweise dem Ansturm der Mexica. Dafür wird das Gebiet der Yopi verkleinert, und Mextitlan verliert bedeutende Stellungen. So sind auch die neuen, in der Region des Golfs von Mexiko liegenden Städte gezwungen, ihren Tribut an den Dreierbund zu entrichten. Motecuhzoma macht sich zudem daran, seine Macht über die Provinz Oaxaca zu verstärken, indem er mehrere Städte im Sturm nimmt und die Bevölkerung massakrieren läßt. Dies geschieht gleichermaßen, um die als zu autonom eingeschätzten Bastionen verschwinden zu lassen und um Städte auszuschalten, die den Transport des Tributs in Richtung Mexiko-Tenochtitlan stören.

Die Mexica geben den „Blumenkrieg" auf.

Um die jenseits der Vulkane lebenden Feinde auszuschalten, gibt Motecuhzoma die ritualisierte Form des „Blumenkriegs" auf. Seit langem sind die Städte Tlaxcala und Huejotzingo eingekreist und vom Nachschub abgeschnitten. Ihr Handel sowie der Zugang zu den tropischen Landstrichen am Golf von Mexiko sind unterbunden. So herrscht in Tlaxcala z. B. ein Mangel an Salz, und die Menschen sind gezwungen, für den täglichen Bedarf Ersatzstoffe für die kostbare Ware zu finden. Auch Kakao, Gold und Federn sind rar.

Seit Motecuhzoma II. werden immer wieder Feldzüge gegen die Fürstentümer von Huejotzingo und Tlaxcala unternommen, allerdings wird nie wirklich erbittert gekämpft. Im Jahr 1504 nutzt Motecuhzoma jedoch einen Konflikt aus und entfesselt zwischen 1508 und 1513 einen Krieg gegen Huejotzingo, 1515 dann gegen Tlaxcala. Doch er erleidet bittere Niederlagen, und direkt vor der Landung der Spanier ist die Bilanz seiner Feldzüge eher mittelmäßig. Die bei den

MOCTETZOUMA XOCOTZI
Dernier Empereur du Mexique peint par ordi
Fernand Cortes

Motecuhzoma II. (1502–1520) bemüht sich stets darum, die Grenzen seines Reichs auszudehnen. So dringt er in den Chinantla und in das Gebiet der Mixteken ein.

entfernt geführten Feldzügen so furchterregende Kriegs-
maschinerie der Mexica bricht gegen den tlaxcaltekischen
Widerstand zusammen. Einige Jahre später versteht es
Cortés, die Macht der Tlaxcalteken an sich zu binden und
gegen die Mexica zu nutzen.

Kurz vor der Ankunft der Conquistadores erstreckt
sich der Einfluß des Dreibunds auf beinah 200 000 km^2
und mehrere Millionen Menschen. Die Bevölkerung ist
stark angestiegen, etwa zwölf Städte zählen mehr als 10 000
Einwohner, Tenochtitlan sicher über 150 000, ja vermutlich sogar über 300 000.

An der Spitze der sozialen Pyramide steht der Tlatoani. Der Ciuacóatl organisiert die militärischen Unter-nehmen. Der tlacatecatl („der die Krieger befeh-ligt") und der tlacochcal-catl („der Vorsteher des Hauses der Speere"), werden gewählt.

**Als das von den Mexica beherrschte
Zentrum der Welt, Heimstatt der kosmischen Ordnung, läßt Tenochtitlan
das alte Tula zu neuem Leben
erwachen.**

Es ist nicht erstaunlich, daß die Conquistadores, als sie nach Tenochtitlan
gelangen, die Stadt mit Venedig
vergleichen, der damals unange-
fochtenen Herrscherin über
das östliche Mittelmeer. Und
doch, auch wenn die Mexica
unleugbar eine Vormachtstellung
innehaben, so ist diese nicht
unangefochten und darüber hinaus noch sehr jung. Angefochten
wird sie von den Fürstentümern des Tals von Puebla,
und jung ist sie insoweit, als sie sich erst in den Jahren
1504 – 1516 wirkungsvoll durchzusetzen vermag: 1504
besetzt Motecuhzoma II. in Chalco Ländereien, die bis
dahin von Texcoco abhingen, und im Jahr 1516 zwingt er
die Bewohner Cacamas, Acolhua-Azteken, dazu, seinen
Neffen zu ihrem Anführer wählen. Trotz der zentralistischen
Tendenz bleiben die lokalen Dynastien überall im Amt
und werden nicht durch eine imperiale Verwaltung ersetzt.

Myriaden oft winziger Fürstentümer funktionieren
weiter und bleiben die Gehilfen, auf denen der Dreibund
basiert. Die lokalen Dynastien – besonders im Tal von
Mexiko – sind durch Heiraten sehr eng sowohl unterein-
der als auch mit Tenochtitlan verknüpft und erhalten
zuweilen sogar einen Anteil am Tribut wie eine Gewinn-
beteiligung an den guten Geschäften des Imperiums.

Oben der Thron (B).
(C) und (D) sind
der Palast, in dem die
Fürsten von Tenayuca,
Chinauhtla und Culhua-
cán wohnen. (E), (F)
und (G) stellen den
Palast Motecuhzomas
dar. Links (I) befindet
sich das Zimmer des
Kriegsrats. Rechts (K)
liegt das Sitzungs-
zimmer Motecuhzomas
und seiner Ratgeber.

Goldener Mais, schwarze Bohnen

„Ein wenig weiter sah man diejenigen, die Nahrung verkauften, jeden an seiner Stelle: weißen, dunkelblauen, schwarzen, roten und gelben Mais; gelbe, schwarze, rote, gesprenkelte Bohnen und eine schwarze Sorte von der Größe einer Saubohne; überreife Sämereien, braun oder aschgrau, rot oder gelb; chian (Salbei) in weißer oder schwarzer Farbe und eine andere Art, die chiantzotzotl genannt wird. Am selben Ort fanden sich diejenigen, die Salz, Truthähne, Wachteln, Kaninchen, Hasen, Rotwildfleisch, verschiedene Sorten Vögel wie Enten, Wildenten und andere Wasservögel verkauften. Außerdem versammelten sich dort auch die Verkäufer von Bienenhonig (…)."

Fray Bernardino de
Sahagún, Historia
general de las Cosas
de Nueva España

Fresko von Diego Riveira, 1945, „Das große Tenochtitlan" (Ausschnitt): Maisverkauf.

Gold, Silber und Federn

„Der Herrscher kümmerte sich auch um den Markt und um alle Dinge, die verkauft wurden. Dies geschah im Interesse des Volkes und der Fremden, die sich dorthin begaben. Er wollte verhindern, daß sie zum Objekt von Betrügereien oder ungerechten Händeln wurden. Deshalb hatte man die Gewohnheit, jedes Objekt, das verkauft werden sollte, ordnungsgemäß an seinem Platz aufzustellen. Deshalb auch wählte man Kommissare, genannt 'tianquizpan' und 'tlayacaque', deren Aufgabe die Überwachung des Marktes und aller Waren und Lebensmittel war. Einer von ihnen hatte die Aufgabe, die Preise der zu verkaufenden Gegenstände festzusetzen und zu verhindern, daß bei Transaktionen Betrügereien geschahen."

Fray Bernardino de Sahagún, Historia general de las Cosas de Nueva España

Fresko von Diego Riviera, 1942, „Der Markt von Tenochtitlan": Herstellung von Goldschmuck und Mosaik.

Gabe an den Herrscher

„In Stadtteilen, die man ‚calpulli' nannte, brachten sie Gaben von verschiedenen Dingen dar. Diese sind mit den Kirchen in den Pfarrgemeinden vergleichbar, wo sich die Leute aus jedem Viertel versammeln, sei es zur Darbringung von Gaben oder zu anderen Zeremonien. Sie boten Eßbares, Decken, Vögel, Maisgerichte, Bohnen und Blumen an. Die Mexikaner und alle Einwohner Neu-Spaniens gebrauchten bei ihren Opfergaben (eine Sitte, die bis heute verbreitet ist) Weihrauch aus Harz, das sie copalli nennen, um ihre Götter zu beweihräuchern. Sie hatten keinen Zugang zu unserem echten Weihrauch, obwohl es ihn in ihrem Land gibt. Dieses Harz also gebrauchten die Priester im Tempel und jedermann in den Privathäusern. "

Fray Bernardino de
Sahagún, Historia
general de las Cosas
de Nueva España

F resko von Diego
Riveira, 1950,
„Gabe von Früchten,
Tabak, Kakao und
Vanille an einen hohen
Würdenträger".

Unter diesen Bedingungen hängt der Fortbestand des Dreierbunds von der Treue Dutzender von Fürsten ab, die mehr oder weniger freiwillig regelmäßig Tenochtitlan besuchen.

Von dort kehren sie, beladen mit kostbaren Geschenken, wieder heim. Diese Politik erklärt aber auch den Zusammenbruch des Dreierbunds und das Umschwenken der Städte bei der Ankunft der Spanier. Manchmal brechen Aufstände wie der von Cuetlaxlan aus, dessen über die erhobenen Steuern ergrimmten Einwohner die aztekischen Steuereintreiber in ein Haus einschließen und es dann in Brand stecken. Aber nur selten ihres Amtes enthoben

„Diese Stadt ist so groß und schön, daß ich nicht die Hälfte von dem sage, was ich sagen könnte, und das wenige, was ich sage, ist fast unglaublich, denn diese Stadt ist größer als Granada: Sie ist besser befestigt, ihre Häuser, ihre Gebäude und die Menschen, die darin wohnen, sind zahlreicher als die Granadas."
Hernán Cortés

und an eine lange Autonomie gewöhnt, akzeptieren die einheimischen Führer später die Herrschaft Karls V., ohne das Ausmaß der Umwälzungen ermessen zu können, die sie mit sich bringt.

VIERTES KAPITEL

DER ZUSAMMENSTOSS ZWEIER WELTEN

Im ersten Jahrzehnt des 16. Jahrhunderts glaubt Motecuhzoma, der „Herrscher der Welt" zu sein. Doch seine Lage bleibt unsicher, und er muß sich der Macht des Schicksals beugen – dem Schicksal in der Gestalt eines weißen, bärtigen Mannes: Hernán Cortés.

„Sein Gesicht, von wenig fröhlichem Anblick und fast aschgrau, hätte mehr Eleganz besessen, wenn es länger gewesen wäre. Sein Blick war gleichermaßen sanft und ernst; sein dunkler, schütterer Bart verbarg kaum sein Gesicht; seine Haare, in derselben Farbe, waren nach der Mode der Zeit geschnitten. Er hatte eine breite Brust und wohlgeformte Schultern. Sein Körper war schlank, der Bauch eingezogen, Beine und Schenkel angenehm anzusehen (…)."
Bernal Díaz de Castillo, Wahrhafte Geschichte der Entdeckung von Neu-Spanien

Die Bewohner Mexikos haben eine zyklische Auffassung der Zeit. Die Götter beherrschen die menschliche Zeit und greifen in regelmäßigen Abständen prägend in die Existenz der Menschen ein. Bestimmte Machtkonstellationen sowie Ereignisse, die bereits in der Vergangenheit eintraten, wiederholen sich immer dann, wenn die dazugehörigen Umstände zusammentreffen. So läßt sich die Zukunft voraussagen, Aufgabe und Privileg spezialisierter Priester, die mit den Kalenderberechnungen betraut sind. Aus der Deutung von Wundern, Visionen und Träumen ziehen sie wertvolle Schlüsse.

Unheilvolle Naturereignisse, die ins tägliche Leben der Menschen einbrechen und den üblichen Rahmen der

„Zehn Jahre bevor die Spanier kamen, erschien zum ersten Mal am Himmel ein unheilvolles Zeichen wie eine Flamme, wie eine Feuersichel, wie eine Morgenröte. Sie schien in kleinen Tropfen herabzuregnen, als ob sie den Himmel durchbohrte."
Codex Florentino

ritualisierten Beziehung mit den Göttern sprengen, sind für diese Gesellschaften in höchstem Maß besorgniserregend. Das Jahrzehnt vor der Ankunft der Conquistadores bietet in dieser Hinsicht viel Anlaß zu Unruhe. Tatsächlich erscheint z. B. zehn Jahre vor der Ankunft Cortés' ein glänzender Komet. Da die Wahrsager sich außerstande zeigen, dieses Phänomen zu deuten, verurteilt Motecuhzoma sie zum Hungertod. Der Herrscher von Texcoco, Nezahualpilli, der behauptet, die Sehergabe zu besitzen, kündigt an, daß ein großes Unheil das Reich zerstören werde.

Als er im Jahr 1515 stirbt, hinterläßt er einen bestürzten Motecuhzoma. Noch andere Wunder beunruhigen den Herrscher der Mexica: Der Altar einer Göttin geht in Flammen auf, das Wasser des Sees schlägt bei Windstille hohe Wellen, in der Nacht kündigen Frauenstimmen Tod und Zerstörung an, und ein riesiger Stein, den man vergeblich nach Tenochtitlan zu transportieren versucht, beginnt zu sprechen und verkündet den Sturz Motecuhzomas. Außer sich, denkt der Herrscher einen Moment lang daran, sich das Leben zu nehmen. Doch wird er von seiner Umgebung im letzten Augenblick daran gehindert. Letztlich ist er doch nur ein gewöhnlicher Sterblicher. Höchst beunruhigt, will Motecuhzoma die Träume und Visionen all seiner Untertanen kennenlernen, um eine Erklärung für die bedrückenden und beunruhigenden Zeichen und Voraussagen zu finden.

Der Gott Cipactonal (unten) und seine Gattin Oxomoco arbeiten in einer Höhle den Weissagekalender, den tonalamatl, aus. Dieses Bild ist dem Codex Borbonicus entnommen, einem der vollständigsten Codices. Dies gilt sowohl für seinen Inhalt (Kalender und Ritual der Feste) als auch für die Qualität seiner Malereien und ihre Erhaltung.

Möglicherweise sind diese Wunder einfach ein Zeichen für die Anfechtungen der noch nicht gefestigten Autorität des Herrschers sowie für die Erbitterung der Völker, die seiner Tyrannei unterworfen sind.

Die Ankunft der Spanier in Zentralamerika verstärkt die von den düsteren Vorhersagen hervorgerufene Unruhe.

1492 landen die Spanier auf den Großen Antillen und lassen sich in der Folge auf Santo Domingo, Kuba und schließlich an den Küsten Venezuelas und Panamas nieder. Es ist nur schwer vorstellbar, daß sie völlig unbemerkt geblieben sein sollen. Schon 20 Jahre lang kreuzen europäische Flotten zwischen den Inseln und einem Teil des Kontinents, und es hat sicher zufällige Zusammentreffen zwischen indianischen Kanus und spanischen Schiffen gegeben.

Im Jahr 1517 erreicht eine erste spanische Expedition die Küste Yukatáns und die Region Campeche. Im Mai des darauffolgenden Jahres verläßt eine zweite Expedition Kuba, erreicht die Insel Cozumel, segelt die Golfküste Mexikos bis zur Höhe des heutigen Veracruz hinauf und macht an der Mündung des Panuco-Flusses halt. Man betreibt Tauschhandel, es kommt zu ersten Kämpfen, man überwacht sich gegenseitig.

Die Neuankömmlinge erscheinen den Indianern sehr seltsam, und man macht sich Gedanken darüber, warum sie plötzlich auftauchen. Motecuhzoma erhält die Nachricht, daß sich auf den Gewässern des Golfs ein schwimmender Berg bewege: Ein spanisches Schiff ist in Sicht. Nun stellt sich die Frage, ob man es hier mit der prophezeiten Rückkehr des Gottes Quetzalcóatl und seiner Begleiter zu tun hat: Tula war nach der Flucht der gefiederten Schlange untergegangen. Zu gegebener Zeit aber, besagt eine Prophezeiung, werde der Gott-Priester gemäß der sich wiederholenden Zyklen und trotz der neuen Lage der Dinge aus dem Osten zurückkehren. Zum letzten Mal zeichnet sich der alles beherrschende Schatten der Tolteken ab. Es ist eine Ironie der Geschichte, daß dies just in dem Augenblick geschieht, als sich das Abendland anschickt, die indianische Kultur zu zerstören.

Für das Reich Motecuhzomas bedeutet die Entwicklung geradezu eine historische Falle: Wie soll er die von Quetzalcóatl geerbte Macht erhalten, wenn der Gott selbst kommt, um sie zurückzufordern?

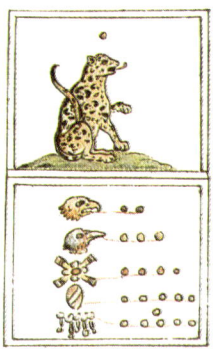

Nezahualpilli ruft Motecuhzoma folgendermaßen an: „Ich muß dir eine seltsame und wunderbare Sache mitteilen, die sich durch Beschluß und Willen des Herrn des Himmels, der Nacht und der Luft unter deiner Herrschaft ereignen wird. **"**

Diego Durán, Historia de las Indias de Nueva España y Islas de Tierra firme

Zeichen des Weissagekalenders. Spezielle Priester, die tonalpouhque, deuten die Zeichen und Zahlen zu Ereignissen wie Geburt, Hochzeit, dem Aufbruch der Kaufleute in die Ferne, der Wahl der Herrscher und bei allen außergewöhnlichen Anlässen.

Im Jahr 1519 verläßt eine Expedition Kuba, um die Küsten Mexikos zu erforschen. An ihrer Spitze steht ein 33jähriger spanischer Adliger: Hernán Cortés.

Bereits mehrere Jahre zuvor hat Motecuhzoma entlang der Küsten Beobachtungsposten aufstellen lassen, die ihm die mögliche Rückkehr der von Quetzalcóatl geführten Götter melden sollen. Er weiß, daß dies verhängnisvoll für die Anbeter Huitzilopochtlis sein muß. Um jeden Preis will er die weißen Männer, deren Ankunft über die östlichen Meere nur die Rückkehr der gefiederten Schlange bedeuten kann, fernhalten. Das beste Mittel hierzu scheint ihm zu zu sein,

Dieser grüne Feder-kopfschmuck wird in der langen Liste der Schätze aufgeführt, die Cortés von Motecuh-zoma erhält und im Juli 1519 an Karl V. sendet. Dieser schenkt ihn sei-nem Neffen.

ihnen Geschenke zu machen, die dem Gott, dessen Boten sie sind, gebühren. Als Motecuhzoma im April 1519 gemeldet wird, daß Boote nicht weit von der Stelle gelandet sind, an der später der Hafen von Veracruz entstehen soll, läßt er die Fremden mit Proviant versorgen und die Absichten der „Götter" erkun-den. Er gibt Befehl, ihnen Schmuck und Federn zu schenken – und natür-lich Menschenopfer darzubringen. Ob-wohl die Spanier von der letzten Gabe angewidert sind, lassen sie sich land-einwärts in einiger Entfernung von der Küste nieder. Motecuhzoma ändert nun seine Politik und startet eine erste Offensive gegen die „Götter": Er sendet seine besten Zauberer, um die Eindringlinge zu verhexen.

Während die Spanier ihren Vormarsch fortsetzen, weiß Motecuhzoma nicht, wie er sich verhalten soll.

Vermutlich ist sich Motecuhzoma nicht schlüssig, ob er Cortés als Gott oder als Feind empfangen soll. Soll er ihn mit Prunk empfangen und sich als den friedlichsten Menschen der Welt präsentieren, oder soll er mit allen Mitteln versuchen, die Spanier von ihrem Vorhaben abzubringen? Vielleicht ist er von Beginn an von der Unausweichlichkeit seines Schicksals überzeugt. Dies würde seine stetigen Kehrtwendungen und Meinungsumschwünge erklären, die von Resignation bis zur Auflehnung reichen. Eine solche Erwartungshaltung könnte zudem bedeuten, daß er schon vor der Konfrontation mit den Spaniern beginnt, auf seine Macht zu verzichten. Kann man darüber nur spekulieren, steht doch fest, daß die Spanier, die durch ihre Panzer vor den indianischen Pfeilen geschützt sind, nun die Küstenregion verlassen und gegen Tenochtitlan marschieren.

Die Spanier führen einen totalen Krieg. Auf der Hochebene angelangt, dringen sie in die von Tlaxcala beherrschte Region ein und treffen auf eine Bevölkerung, die entschlossen ist, die Spanier, die sie irrtümlich für die neuen Verbündeten Motecuhzomas halten,

„Von Kindheit an herrschte Doña Marina über Land und befehligte Vasallen. Denn ihr Vater und ihre Mutter waren Fürsten der Stadt Painala, der andere Dörfer unterworfen waren. "
Bernal Díaz del Castillo, Wahrhafte Geschichte der Entdeckung und Eroberung von Neu-Spanien

niederzuwerfen. Aber schon bald entscheiden
sich die von den Feuerwaffen der Spanier
geschlagenen Tlaxcalteken, die Fremden
gegen den Dreierbund zu unterstützen.
Cortés erkennt seinen Vorteil sehr
früh und schließt mit denen,
die den Mexica die Stirn
bieten können, ein
Bündnis.

**Die Conquistadores werden in Tlaxcala mit
großem Pomp empfangen. Sie ruhen sich aus
und machen sich mit den politischen Verhält-
nissen der Hochtäler vertraut.**

Nächste Station auf dem Vormarsch der Spanier
ist das mit dem Dreierbund allierte Cholula. Voller Entsetzen sehen die Einheimischen der Massa-
krierung des lokalen Adels zu, der verdächtigt
wird, einen Hinterhalt vorzubereiten. Danach
gelangen die Spanier in die Provinz von Chalco.
Dort werden sie mit prächtigen Geschenken
empfangen, und die Einwohner, die bereits
von Motecuhzoma I. besiegt wurden, bieten
den Spaniern sogar an, sie gegen die Mexica
zu unterstützen. In Coyoacan, vor den
Toren Tenochtitlans, wird Cortés von den
Tepaneken gefeiert. Die Tatsache, daß
Chalcos, Tepaneken und Tlaxcalteken auf
Rache sinnen, bewirkt, daß der Schutzwall
der Alliierten des Dreierbunds Lücken
erhält.

Am 8. November 1519 trifft Cortés Motecuhzoma vor den Toren Tenochtitlans:

„Als wir uns einander genähert hatten, stieg ich vom Pferd, um ihn zu umarmen. Da traten zwei Fürsten dazwischen, um mich daran zu hindern, ihn zu berühren. (…) In dem Augenblick, als ich den Fürsten erreichte, nahm ich meine Halskette ab und legte sie ihm um den Hals. Kurz darauf erschien einer seiner Diener mit zwei in Stoff eingewickelten Halsbändern aus Camaronen. Diese Camarone werden aus den Schalen von roten Seemuscheln hergestellt, die dort als sehr wertvoll angesehen werden. An jeder Kette hingen acht Goldperlen von großer Vollkommenheit und groß wie eine Nuß. Als dieser Mann sie brachte, wandte sich der Fürst mir zu und legte sie mir um den Hals. Dann setzte er seinen Weg in derselben Ordnung wie vorher fort, und wir folgten ihm bis zu unserer Ankunft in einem schönen und großen Palast, den man zu unserem Empfang hergerichtet hatte. "

Hernán Cortés, Die Eroberung Mexikos

Dem klaren Blick des Conquistadoren entgeht keines der Zeichen für die Schwäche der Azteken: Die Unterlegenheit ihrer Waffen, die zögerliche Haltung Motecuhzomas und die Unzufriedenheit der unterworfenen Völker. Vermutlich erkennt Cortés die Möglichkeit, eine in seinem Dienst stehende indianische Konföderation gegen das „Aztekische Imperium" zu bilden. Nun zögert er nicht länger. Er gründet Veracruz, die erste spanische Stadt des Landes. Unter dem Vorbehalt der Zustimmung durch die Krone veranlaßt er die gewählte Stadtkörperschaft, ihm seine Armee und darüber hinaus die administrativen, rechtlichen und militärischen Vollmachten zur Eroberung und Kolonisierung geben. Dann läßt er die Schiffe versenken, um seinen Leuten den Rückweg abzuschneiden, und setzt sich endgültig im Feindesland fest.

„Die Unterhaltung führte uns, die wir seine Freunde waren, zu dem Ratschlag, kein Schiff im Hafen zu lassen und sie alle zu zerstören, damit keine Gelegenheit mehr blieb, daß irgendwelche Soldaten sich erhoben, während wir im Inneren der Stadt waren."

Bernal Díaz del Castillo, Wahrhafte Geschichte der Entdeckung und Eroberung von Neu-Spanien

**Cortés hat es eilig, dem Herrscher der Mexica zu
begegnen, um sich ein Bild von seinen Reichtümern
und seiner tatsächlichen Macht zu machen.**

Im selben Moment versammelt Motecuhzoma, der immer
noch unter einer lähmenden Unentschlossenheit leidet,
die Herren von Texcoco und Tacuba, um den prächtigsten
der bisherigen Empfänge vorzubereiten. Alle hohen Würdenträger und Fürsten sind eingeladen, an dem Empfang
der Spanier teilzunehmen. In deren Gefolge befinden
sich einheimische Träger, die unter der Last der unterwegs
erhaltenen Geschenke fast zusammenbrechen.
    Dieses Zusammentreffen zweier Kulturen, zweier
durch unüberbrückbare Abgründe getrennter Kulturen,
gerät zu einem unvergeßlichen Schauspiel. Motecuhzoma
wird – als „Ebenbild Huitzilopochtlis" – von seinen

Fürsten in einer kostbaren Sänfte getragen. Sein Hofstaat und eine Unzahl von Sklaven, die mit den für die Götter bestimmten Gaben beladen sind, umringen ihn. Er geht Cortés entgegen. Die beiden Züge treffen sich. Der Herrscher legt eine Kette aus Gold und Edelsteinen um den Hals des Conquistadoren und überreicht ihm einen leuchtenden Federstrauß. Die Würdenträger und Fürsten kommen nun heran, um Cortés ebenso anzubeten, wie sie es mit dem Gott Quezalcóatl taten. Motecuhzoma spricht von der Macht, die er von seinem „Vater", dem Gott Quetzalcóatl, erhielt und die er bereit ist abzutreten. Cortés erwidert, daß er im Namen eines Herrschers, der einen großen Teil der Welt regiere, sowie des wahren und einzigen Gottes gekommen sei.

„Motecuhzoma empfing mich. In seinem Gefolge waren etwa 200 Fürsten, alle barfuß. Bekleidet waren sie mit einer Art prunkvoller Livrée, die, entsprechend ihrem sozialen Rang, prächtiger war als die der anderen (…)."
Hernán Cortés,
Die Eroberung Mexikos

Motecuhzoma erweist Cortés im Alten Palast von Axayacatl Ehre und legt ihm seine Genealogie vor.

Motecuhzoma unterwirft sich den neuen Herren, die ihn jedoch verraten.

Der Zug setzt sich in Richtung Tenochtitlan in Bewegung, wo er von Priestern unter Flöten- und Muschelhornklängen empfangen wird. Cortés und seine Leute werden im Palast Axayacatls untergebracht, während der Herrscher und einige Fürsten von den Conquistadores unverzüglich zurückgehalten und unter Bewachung gestellt werden.

Aber das Schlimmste steht noch aus: Da die Kräfteverhältnisse noch immer zum Vorteil der Mexica stehen, wollen die Conquistadores einen großen Schlag landen. Nachdem sie Verstärkung erhalten haben, bitten sie darum, an den zum Fest Huitzilopochtlis zelebrierten rituellen Tänzen teilnehmen zu dürfen. Dies ist für sie die erhoffte Gelegenheit, die wichtigsten Repräsentanten des Mexica-Adels zu versammeln und zu massakrieren. Die Schlächterei

„Dann lüftete er seine Kleider, zeigte mir seinen Körper und sagte: ‚Ihr seht, ich bin auch Fleisch und Knochen wie ihr', wobei er mit den Händen seinen Körper abtastete (…). Er verabschiedete sich, und kurze Zeit später wurden uns Geflügel, Brot, Früchte und andere für unsere Versorgung notwendige Dinge geschickt. So verbrachte ich sechs Tage im Überfluß. "
Hernán Cortés,
Die Eroberung Mexikos

soll fast 10 000 Opfer gekostet haben. Kurz darauf werden
auch die Herrscher eliminiert: Motecuhzoma wird gefangengenommen und später von einem seiner eigenen
Leute getötet (wenn er nicht von den Spaniern hinge-
richtet wurde; in diesem Punkt bestehen Zweifel). Auch
Cacama, Herrscher von Texcoco, und der Gouverneur
von Tlatelolco werden von den Eroberern getötet.

Cuauhtemoc nimmt den Kampf gegen die Spanier auf.

Die Überlebenden der Mexica-Aristokratie geben nicht
auf und sind entschlossener denn je, mit den Eindringlingen abzurechnen. Nachdem Cuitlahuac nach kurzer
Regentschaft an den Pocken gestorben ist, übernimmt
der junge Cuauhtemoc die Organisation des Widerstands. Mit der festen Absicht, die Spanier zu vernichten,
umstellen die Mexica den Palast, in dem diese untergebracht sind. Doch den Spaniern gelingt es erneut, zu entkommen. Am 30. Juni 1520 nutzen sie eine mondlose
Nacht, in der ein sintflutartiger Regen fällt, und flüchten
unter großen Verlusten aufs Festland. Die Mexica setzen
ihnen nach und glauben, für immer von den Eindringlingen befreit zu sein. Es wird berichtet, Cortés habe
geweint, als er im Morgengrauen das Ausmaß der Katastrophe überschaute. Er tauft die Nacht „noche triste".
Aber er ist nicht der Mann, auf Tenochtitlan zu verzichten. Über Otumba, wo er mit eigenen Händen den
Führer der aztekischen Armee tötet, öffnet er sich die
Straße nach Tlaxcala. Dort bereitet er eine gewaltige
Offensive gegen die Hauptstadt der Mexica vor und nutzt
dabei den Zwist, der unter den Einheimischen herrscht.
Während Cuauhtemoc mit dem Plan scheitert, sämtliche
Fürstentümer gegen die Spanier zu verbünden, schlagen
sich die Acolhua von Texcoco, die Chalcos, die Tepane-
ken – all jene, die früher von Tenochtitlan gedemüdigt
wurden – auf die Seite der Eroberer.

In Texcoco, auf der westlichen Seite des Sees, kämpft
auch einer der Söhne Nezahualpillis, Ixtlilxochitl, auf der
Seite der Spanier. Der Zusammenbruch des Dreierbunds
resultiert ebenso aus den Spannungen, die die Fürstentümer spalten, als auch aus einer tragischen Fehleinschät-
zung der Lage: Die Gegner von Mexiko-Tenochtitlan,
allen voran die Tlaxcalteken, glauben, daß die Spanier
ihnen bei der Vernichtung der Mexica helfen. Sie ahnen
nicht, daß sie die nächsten Opfer einer Macht sind,

deren Mittel und Ehrgeiz sie unterschätzen.

Die Belagerung der Hauptstadt Tenochtitlan bleibt als traumatische Erinnerung im Gedächtnis der Mexica.

Drei ganze Monate lang wird die Stadt von Cortés belagert. Dabei kann er auf die Unterstützung von mehreren tausend Einheimischen rechnen und läßt eine Flotte bauen, die die Kontrolle über die Lagune sichert. Dennoch braucht es mehrere Angriffe, den Hunger und eine von der Expedition eingeschleppte Pockenepedemie, um den erbitterten Widerstand der Azteken zu brechen.

Nach dem Tod Motecuhzomas in spanischer Gefangenschaft werden sein Bruder und sein Neffe, Cuitlahuac und Cuauhtemoc, Führer der Azteken. Von ihnen belagert, entschließt sich Cortés, die Stadt zu verlassen. In einer regnerischen Nacht gelingt es den Spaniern, eine der Straßen ans Ufer zu erreichen. Aber die vorgewarnten Azteken bringen ihnen schreckliche Verluste bei: Mehr als die Hälfte der Spanier und fast die gesamten indianischen Hilfstruppen werden massakriert oder gefangengenommen.

Die Stadt fällt endgültig am 13. August 1521. Dem Chronisten Alva Ixtlixochitl zufolge „starb fast der gesamte Mexica-Adel, und nur einige Fürsten und einige Edelmänner, zum größten Teil sehr junge Kinder, überlebten."

Cortés baut seine Artillerie und Kavallerie wieder auf, und vor allem läßt er eine kleine Flotte von 13 Brigantinen bauen, womit er seine größte militärische Schwäche behebt: die Unfähigkeit, sich auf dem Wasser zu bewegen.

Cuauthemoc, der „letzte Herrscher", überlebt noch einige Zeit als Gefangener, wird aber unter dem Vorwand, ein Komplott zu schmieden, später gehängt.

Das Imperium er Azteken ist zusammengebrochen. Cortés macht sich daran, die Stadt wieder aufzubauen und setzt seine Eroberungszüge fort. Ein Jahr später, 1522, wird er Gouverneur und Generalkapitän von Neu-Spanien.

Der Eroberer setzt an die Stelle der Autorität des Dreierbunds die Herrschaft eines weit entfernten Königs, der jenseits des Ozeans über Spanien und einen Teil Europas herrscht: Karl V. Die Zeit der wechselnden Koalitionen, die in regelmäßigen Abständen die Vorherrschaft des einen oder anderen in Frage stellten, gehört endgültig der Vergangenheit an. Bewaffnung, Taktik und Energie der Spanier sowie die eingeschleppten Pocken spielen eine wichtige Rolle, doch darf man nicht vergessen, daß der Sieg der Conquistadores auch der Sieg der verbündeten Staaten und Völker ist.

Im Juli 1520, nach der verzweifelten Flucht Cortés' aus Tenochtitlan, bemüht sich eine aztekische Armee in Otumba, ihm und seinen Spaniern den Rückzug abzuschneiden. Nach einer erbitterten Schlacht und trotz dramatischer Verluste der Spanier siegen diese letztlich doch und erreichen Tlaxcala, wo sie wieder zu Kräften kommen. Dort bereiten sie den entscheidenden Ansturm auf Tenochtitlan vor.

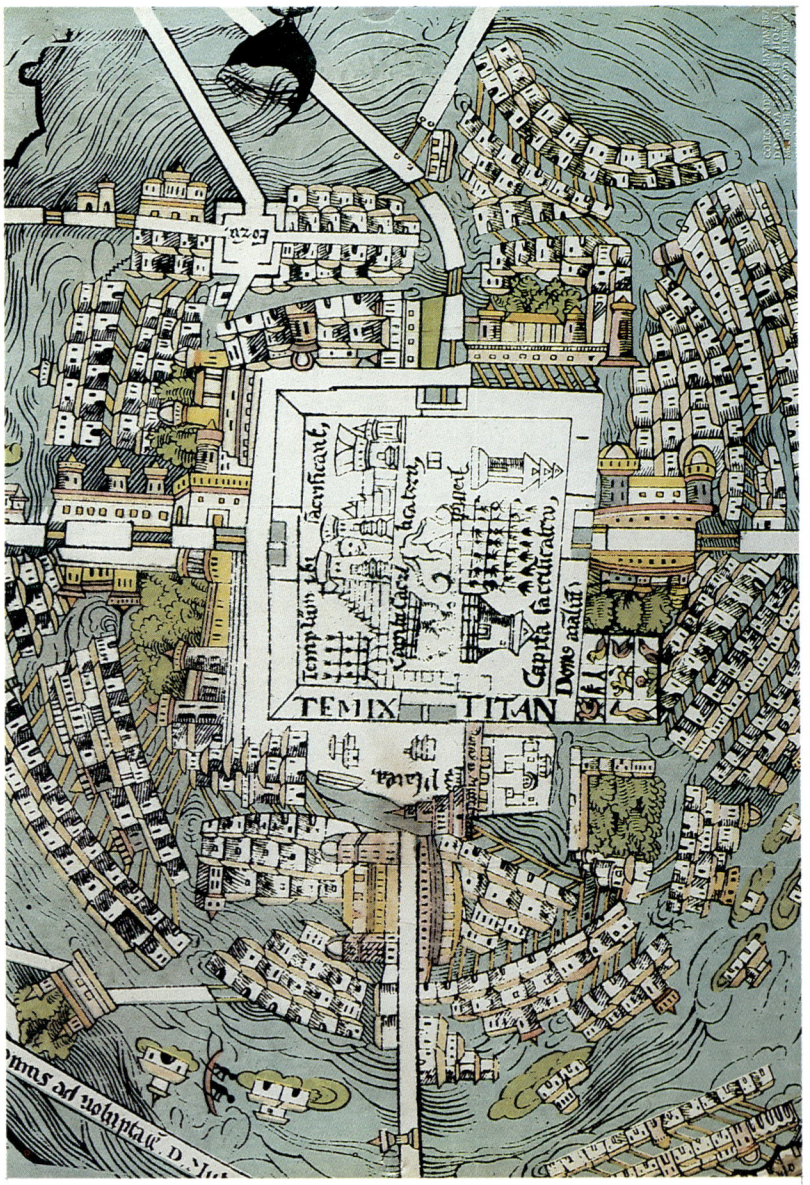

FÜNFTES KAPITEL

VOM WIDERSTAND ZUR KOLLABORATION

D ie Herrscher von gestern finden sich nicht alle mit der Niederlage ab. Ein Teil der adligen Mexica aus Tenochtitlan nährt die Hoffnung, daß die Eindringlinge bald verschwinden müssen und glauben an die Wiedereinsetzung der alten Ordnung. Cortés übernimmt es, diese letzten Illusionen zu zerschlagen.

„Bevor ich von den Wundern dieser großen Stadt und anderer Orte berichte (...), muß ich zunächst die Stadt Tenochtitlan beschreiben und erläutern, wie das Reich Motecuhzomas aufgebaut ist. "
Hernán Cortés,
Die Eroberung Mexikos

Cortés setzt nicht nur die Unterwerfung unter die spanische Krone durch, er fordert darüber hinaus auch die Bekehrung der Indianer zum christlichen Glauben. Überall verbietet er das Menschenopfer und stellt in den Tempeln der Einheimischen die Bilder der neuen „Gottheiten" auf: die Jungfrau Maria, Christus und die Heiligen. Die Indianer sind entsetzt über die Gewalt und Raserei, mit der die Conquistadores die Bilder ihrer alten Götter zerstören, die nun den entehrenden Namen „Götzen" erhalten. Das Verhalten Cortés' ist jedoch mindestens ebenso stark von der Liebe zum Gold und zur Macht geprägt wie von seinem Wunsch, den christlichen Glauben zu verbreiten: weil dieser Glaube sein Unternehmen rechtfertigt und weil er ihm nach dem Geist der Zeit einen Sinn gibt.

Ab 1525, mit der Ankunft einer eher kleinen, aber entschlossenen Truppe von Franziskanern, werden die Mexica-Priester brutal gezwungen, ihre heiligen Stätten zu verlassen und in den Untergrund zu gehen. Die Spanier greifen die Tempel an, ermorden die heidnischen Priester, setzen die Tempel auf den Pyramiden in Brand, zerschlagen die Statuen und verbrennen die mit Bilderschrift bedeckten Codices. Die Gewalttätigkeit der Opferungen macht der Gewalttätigkeit der Bilderstürmer Platz.

<u>Der Götzendiener – jeder, der sich dem christlichen Glauben entgegenstellt – wird zum Erzfeind, den es zu vernichten gilt. So auch die widerspenstigen, „vom Teufel besessenen" Indianer.</u>

Dennoch gelingt es den europäischen Mönchen, einen Teil der Elite auf ihre Seite zu ziehen. Aber ihr Erfolg ist ebenso spektakulär wie oberflächlich. Dies beweisen Hunderttausende von Taufen, die die Chronisten der Zeit unerschütterlich zählen. Wahr ist, daß in dieser Zeit des Chaos, in den Jahren 1530 – 1540, die Kirchenmänner eine scheinbare Ordnung errichten: Mit ihrer oft uneingeschränkten Machtbefugnis reorganisieren sie das Leben in der Umgebung ihrer Kirchen und Klöster. Neue Rituale ersetzen die verbotenen Feste, und neue Mächte ersetzen die von den Conquistadores niedergeschlagene Autorität. Die Mönche werden schnell zu einer Kraft, mit der man rechnen muß. Sie sind in der Lage, ein Gegengewicht zu den brutalen Exzessen der spanischen Haudegen und ihrer einheimischen Kollaborateure zu bilden. Der Schlag trifft vor allem

„Die Götzenbilder bestehen aus einer Paste aus Getreide und Gemüse. Nachdem die Indianer Getreide und Gemüse gemahlen haben, vermischen sie es mit Blut aus Menschenherzen, die sie den Opfern bei lebendigem Leibe herausreißen. Sind die Götzen einmal angefertigt, bieten sie diesen die Herzen von neuen Opfern an. "
Hernán Cortés,
Die Eroberung Mexikos

Da der Kazike sich wiederholt weigert, seinem Glauben abzuschwören, überwältigt Cortés ihn in San Juan de Ulloa, dringt zum großen Entsetzen der heidnischen Priester und des Volks in den Tempel ein und läßt die Götterbilder zerstören. Am nächsten Tag zelebriert Pater Olmedo dort die heilige Messe.

die „Götzendiener", die ihren Einfluß schwinden und ihre Legitimität in Frage gestellt sehen.

Die einheimischen Gesellschaften werden von der Missionierung in ihren Grundfesten erschüttert.

Die „antispanische Partei", ein Teil des Mexica-Adels, verwirft nicht nur das neue Regime, sondern auch die neue religiöse Ordnung oder besser die Umwälzung, die das Christentum mit sich bringt. Denn es zwingt mit seinem Credo zu einem Bruch mit der Vergangenheit, indem es einen Großteil der Prinzipien verurteilt, mit denen der Adel gelebt hatte. So werden die Vorfahren, die ruhmreichen Tolteken, in den Predigten der Missionare zu monströsen Götzenanbetern, die dazu verdammt sind, ewig im Feuer der Hölle zu schmoren. Das Christentum führt zur Schließung der Schulen, in denen der Adel seit jeher das alte Wissen erworben hatte. Es verbietet das Menschenopfer, den Verzehr des Opferfleischs (d. h. den *rituellen Kannibalismus*) sowie die Polygamie. Schließlich stellt es auch den Verzehr *halluzinogener* Pflanzen unter Strafe, d. h. sämtliche Praktiken und Privilegien, die seit alters die Mächtigen gegenüber dem Volk ausgezeichnet und in ihrer Rechtmäßigkeit gestützt haben.

Die Kirche zerstört überall die traditionelle Form der Ehebündnisse, indem sie die Einehe durchsetzt.

Die Mission gefährdet besonders den Zusammenhalt der Familie: nicht nur durch den erzwungenen Übergang zur Monogamie, die Tausende von Zweitfrauen und ihre Kinder, von nun an namen- und zukunftslose Bastarde, auf die Straße setzt, sondern auch, weil die Missionare nicht zögern, sich sogar der Adelskinder zu bemächtigen, um sie zu bekehren und gegen ihre widerspenstigen Eltern aufzubringen. Die Mönche sind sich des Widerstands der Erwachsenen bewußt. Deshalb bilden sie junge Adlige in

D er Erzbischof von Mexiko, Don Pedro Moya de Contreras, ist der erste Inquisitor Neu-Spaniens.

G emelli Careri, ein italienischer Reisender, beschreibt im 18. Jahrhundert die Bekehrung aztekischer Adliger: „Am Samstag ging ich zur Kirche St. Dominikus, um die Kapelle des Don Peter von Motecuhzoma zu sehen, einem Abkömmling des gleichnamigen Herrschers. Hier fand ich in Spanisch folgende Inschrift: Kapelle des Don Peter von Motecuhzoma, Erbprinz von Motecuhzoma, Fürst des größten Teils Neu-Spaniens."

Schulen aus, wo ihnen der Katechismus, Lesen und Schreiben beigebracht werden. Einmal konvertiert, werden die Kinder dann zu ihren Agenten und Spionen. Doch es gibt noch einen Grund, der die Aristokraten aufbringt: Die christliche Religion postuliert die Gleichheit aller vor Gott und überantwortet den Mächtigen die Verantwortung für das Heil des gemeinen Volkes. Für einen Adel, der davon überzeugt ist, daß ihn eine unüberwindliche Grenze physischer und geistiger Natur von den gewöhnlichen Sterblichen trennt, ist das unannehmbar.

Die „Götzendiener" versuchen den Eroberern Widerstand entgegenzusetzen, da für sie das Christentum einen Umsturz ihres gesamten Wertesystems bedeutet.

Mangels einer Organisation sind die Komplott- und Boykottversuche gegen die spanischen Befehle zum Scheitern verurteilt, und die in die Illegalität gezwungene Opposition muß die Waffen strecken. Aber wie soll eine Opposition aus dem Untergrund funktionieren, wenn Macht und ihre spektakuläre Zurschaustellung immer Hand in Hand gingen? Nach und nach verschwindet der offene Widerstand, und die Adligen werden Opfer von Massenhinrichtungen, Unfällen oder Krankheiten.

Aus Resignation, Machtlosigkeit, Opportunismus oder ehrlicher Überzeugung wählen andere Adlige die Kollaboration. Sie zählen darauf, auf diese Weise ihre Macht weitgehend zu behalten, denn sie wissen, daß sie einen kostbaren Trumpf in den Händen halten: Sie kennen die Menschen und das Land.

In der Tat können die Conquistadores nicht auf die Vermittlung der Adligen verzichten, wenn sie ihre Kontrolle auf das riesige Territorium ausdehnen und im eigenen Interesse eine Bestandsaufnahme zur Ausbeutung seiner Ressourcen vornehmen wollen.

Die Taufe des Fürsten von Tlaxcala illustriert die tlaxcaltekische Zusammenarbeit mit den spanischen Eroberern.

Im Jahr 1539 holt die Inquisition zu einem großen Schlag aus und verurteilt Don Carlos Ometochtzin, den Kaziken von Texcoco, zum Scheiterhaufen. Viele Indianer werden von Panik ergriffen, zerstören ihre Götterbilder und liefern kompromittierende Gegenstände ab.

Eines der Haupthindernisse für die Spanier ist die Sprachbarriere.

Neben dem Nahuatl werden in Neu-Spanien über 100 Sprachen gesprochen. Auch aus diesem Grund bemühen sich die Kirchenleute darum, die führende Schicht zu missionieren. Ihr Beispiel, so die Berechnung, soll den Rest der Bevölkerung nach sich ziehen. Tatsächlich sind es die Mitglieder des Adels, die sich als die verläßlichsten Verbündeten der Missionare und ihrer Strategie erweisen.

In den ersten Jahren macht sich die Kollaboration mit den Siegern bezahlt. Die Fürsten von Tlaxcala empfangen die Taufe, was ihnen bis zum Ende des Jahrhunderts eine relative Autonomie beschert. Auch in Texcoco spielen die Mitglieder der Herrscherfamilie die spanische Karte, indem sie entscheidend zur Niederwerfung der Mexica und dem Beginn der franziskanischen Mission beitragen. Die Ambitionen von ehedem beschränken sich mittlerweile allerdings auf einen kleinen Rest: Nachdem sie die unverzichtbare Vermittlerrolle zwischen den Eindringlingen und der übrigen Bevölkerung einnahmen, müssen sich die großen Familien mehr und mehr mit der Position von reichen, lokal einflußreichen Notablen begnügen. Texcoco wird von Mexiko-Stadt, der von Cortés an der Stelle Tenochtitlans gegründeten neuen Hauptstadt Neu-Spaniens, in den Schatten gestellt.

Bei der Etablierung der spanischen Herrschaft spielen die Frauen eine oft entscheidende Rolle.

Die Töchter der einheimischen Aristo-kratie werden häufig die Konkubinen und zuweilen sogar die recht-mäßigen Ehefrauen der Eroberer. Die Tochter Motecuhzomas, Tecuich-potzin, bietet dafür ein gutes Beispiel. Nacheinander Ehefrau der beiden letzten Herrscher der Mexica, Cuitlahuac und Cuauhtemoc, erhält sie nach der Erobe-rung bei ihrer Taufe den Namen Isabella. Als 16jährige Witwe Cuauhtemocs verkörpert

P ater Bartolomé von Olmedo, ein Priester aus dem Orden der Gnade, wird von Cortés beauftragt, die Indianer zu taufen. Er ist ein hervorragender Theologe, intelligent, und er versteht die Mentalität der Indianer. Er interveniert häufig, um das Ungestüm und die Brutalität der Conquistadores zu zügeln.

sie noch eine gewisse Mexica-Legitimität und stellt eine
nicht zu unterschätzende Figur auf dem neuen politischen
Schachbrett dar. Cortés gewährt ihr auf Lebenszeit die
Einkünfte der Stadt Tacuba und verheiratet sie mit dem

Die Pläne für die
Kirche werden aus
Europa geschickt, aber
ihre Ausführung wird
Indianern übertragen.

Conquistador Alonso de Grado. Die indianische Dame wird bald ein Modell der Hispanisierung und der christlichen Barmherzigkeit: Nach dem Tod de Grados lebt sie eine Zeitlang im „Harem" von Cortés, mit dem sie eine Tochter hat, dann heiratet sie noch zweimal einen Spanier. Ihr letzter Ehemann kümmert sich aktiv darum, das Vermögen zu erhöhen und die Erbrechte Motecuhzomas II. geltend zu machen. Nachdem sie ihr Testament gemacht hat, stirbt sie 1550 in europäischem Luxus. Ihre Tochter Leonore heiratet den Entdecker der Silberminen von Zacatecas, und einige ihrer Nachkommen lassen sich in Spanien nieder, wo sie Titel wie Graf von Miravelle, Herzog von Abrantes und Linares tragen.

Andere Familien machen weniger brillante, dafür aber vermutlich repräsentativere Karrieren. So heiraten die Mutter und die Großmutter des Chronisten Alva Ixtlilxochitl, in direkter Linie Erben der Herrscher von Texcoco, Spanier, denen die Verteidigung ihrer Rechte ebenfalls sehr am Herzen liegt. Die Heiraten zwischen indianischen Prinzessinnen und Conquistadores sowie die daraus hervorgehenden Mischlinge tragen zudem mit dazu bei, die beiden Welten einander näherzubringen.

Die neuen Führungsschichten verdrängen die alteingesessene Aristokratie.

Die kleinen Provinzadligen und einfachen Leute profitieren von der Gunst der Eroberer und der Kirche, um bis in die höchsten Führungsschichten vorzustoßen. Auf diese Weise vergrößert sich die Zahl der Kollaborateure, und der traditionelle Adel muß sich Titel und Ämter – z. B. eines Kaziken oder eines Gouverneurs –, die nun das spanische Regime verleiht, mit den Emporkömmlingen teilen. Als gewählte oder ernannte Gouverneure stehen diese Einheimischen an der Spitze lokaler Bevölkerungsgruppen, die in Gemeinwesen, den „*Pueblos de indios*", zusammengefaßt werden. Diese erhalten nach 1530 öffentliche Institutionen, die von der Iberischen Halbinsel übernommen werden.

Dennoch wird eine Erneuerung der Führungsschichten von der spanischen Krone nicht systematisch gefördert. Sie versucht vielmehr gegen Mitte des 16. Jahrhunderts, wo immer möglich, die Erben der ehemaligen

---

„Der alte Kazike von Tlaxcala, Xicotenga, sagte zu Cortés: ‚Maliche, damit ihr klarer seht, bis zu welchem Punkt wir euch zugetan sind und euch in allem gefällig sein wollen, möchten wir euch unsere Töchter geben, damit ihr sie zu euren Frauen macht und Kinder von ihnen habt.'"
Díaz del Castillo, Wahrhafte Geschichte der Entdeckung und Eroberung von Neu-Spanien

---

Lam. 2.

CORDILLERA
DE LOS
PUEBLOS,
QUE
ANTES DE LA CONQUISTA
PAGABAN TRIBUTO
A EL EMPERADOR
MUCTEZUMA,
Y
EN QUE ESPECIE,
Y
CANTIDAD.

Die Spanier verlassen Tabasco mit einheimischen Frauen, die ihnen von den Besiegten zum Geschenk gemacht wurden. Eine von ihnen, eine junge Mexica, die die Spanier Marina taufen, wird Cortés' Geliebte und zugleich seine Dolmetscherin.

Fürsten wiedereinzusetzen. Damit erhofft man sich, die spanische Autorität mit dem Ansehen des einheimischen Adels zu verbinden, vorausgesetzt, daß die Souveränität Spaniens anerkannt wird.

Von Anfang an bemüht sich die Krone darum, eine „indianische Identität" aufrechtzuerhalten. So achtet sie darauf, die einheimischen und spanischen Gemeinden, im damaligen Sprachgebrauch die beiden „Republiken", getrennt zu halten. Die Führung der ersteren soll dabei in den Händen eines autochthonen Adels bleiben. So bleibt auch die Funktion des der Krone verpflichteten Vermittlers, die von den rechtmäßigen oder emporgekommenen Kaziken übernommen wird, erhalten. Außerdem werden die Einheimischen von nun an, ungeachtet ihres Rangs oder ihrer Herkunft, als „Indios" bezeichnet.

Der Fall der Mexica bedeutet für die Nahua nicht das Ende der Feldzüge. Sie stehen nun lediglich im Dienst der Krone.

Mit Hilfe der Adligen des Tals von Mexiko und ihrer Truppen wird in den 1520er Jahren das Zentrum des Landes befriedet und Guatemala und Honduras erobert. Diese Truppen werden auch bei den Aufständen der Chichimeken eingesetzt und sichern den Zugang zu den Silberminen im Norden Mexikos. Von 1541 bis 1542 schlagen mehrere zehntausend Mexica, Tlaxcalteken und Otomi im Nordwesten des Landes, über 600 km von Mexiko entfernt, die Revolte von Mixton nieder. Die tapfersten indianischen Krieger erhalten militärische Ränge, Wappen und Titel, während ihre Truppen, die das gesamte 16. Jahrhundert hindurch an Ort und Stelle verbleiben, einige Privilegien genießen. Die spanische Kolonialisierung kehrt das alte Schema um: Von nun an sind es die „zivilisierten" Indianer aus dem Zentrum des Landes, die in den Norden gehen, um den dortigen Völkern ihre Lebensweise aufzuzwingen. Nichts kann den Rückzug der noch frei lebenden

fuys pinello nahuatl

Indianer aufhalten; blutig setzt er sich bis ins 19. Jahrhundert fort. Ab den 1540er Jahren paßt sich sowohl die neue als auch die traditionelle Führungsschicht der sich sichtlich wandelnden Welt an. Sie macht sich nicht nur schon sehr früh mit der Handhabung von Waffen und Pferden vertraut, sondern lernt auch Buchführung, widmet sich der Viehzucht und dem Handel, versorgt sich mit von Spanien in die neuen Kolonien importierten Waren, trinkt Wein und trägt Seide. Diese Elite beherrscht die spanische Gesetzgebung sogar so gut, daß sie sie zu ihren Gunsten einsetzen und die eigenen Rechte verteidigen kann. Im Schatten der Eroberer und weit über der Masse der Einheimischen erobern sich diese Richter, Gouverneure, Kaufleute und Übersetzer einen Platz in der Kolonialgesellschaft.

Die Verbindung von traditionellen Piktogrammen und Kommentaren in kastilischer Sprache zeugt vom Synkretismus, der zwischen den beiden Kulturen nach der Eroberung entsteht: Die Malerei erfüllt eine administrative Funktion und illustriert die Art der geleisteten Dienste und abgegebenen Gegenstände, die die Schrift spezifiziert. Die Rechnungsbücher in Form eines Codex wie der hier abgebildete werden sehr früh benutzt, um die von den Besatzern eingeführten ökonomischen, kommerziellen und finanziellen Veränderungen aufzuzeichnen.

Wappen der spanischen Armee unter der Herrschaft Philipps II. (1556–1598).

Die von der Kirche vermittelte Bildung und die Anpassungsfähigkeit der Indianer tragen unerwartete Früchte.

Man kann von einer echten Renaissance sprechen, da die Begegnung der Kulturen eine späte Blüte auf mexikanischem Boden mit sich bringt und die europäische Renaissance gleichsam fortgesetzt wird. Diese Renaissance zeigt sich im Werk der Maler und Bildhauer, die in ganz Neu-Spanien am Bau von Kirchen,

Klöstern und Kapellen teilnehmen. Neben diesen Meistern der Bildhauerei und der Malerei, die fest in der präspanischen Tradition verwurzelt sind, gibt es zahlreiche aus den „Pueblos" stammende Musiker und Sänger, die sich mit den europäischen Instrumenten vertraut machen und teilweise mit einer Virtuosität komponieren, die die Spanier verblüfft.

Aber die tiefgreifendste Umwälzung ist zweifellos die Einführung des Alphabets und der Schrift. Die Indianer, deren Kultur sich jahrhundertelang auf eine Bilderschrift und mündliche Überlieferung stützte, lernen unter der Anleitung der Kirchenleute Lesen und Schreiben.

Im Kolleg von Santa Cruz, in Tlatelolco, wird den Begabtesten unter ihnen sogar eine höhere Bildung zuteil. Sie machen sich mit der Sprache Ciceros vertraut, lesen lateinische Schriften und übersetzen die großen europäischen Klassiker ins Nahuatl. Einige erlernen sogar die Schriftsetzerei und den Buchdruck. Viele von ihnen werden zu unersetzlichen Informanten, die es den Kirchenleuten, Franziskanern und Dominikanern, ermöglichen, ihre ethnographische Forschung über die präspanischen Kulturen mit Erfolg zu betreiben. Andere tragen zur Entwicklung der amerikanischen Geschichtswissenschaft bei.

Die Werke der großen Chronisten des 16. Jahrhunderts sind ein Beispiel für die gelungene Verschmelzung der beiden Gesellschaften und ihrer Kulturen.

Die Übernahme der Schrift bedeutet nicht die Aufgabe der Bilder-Codices. So können nicht nur die Historiker Chimalpain, Ixtlilxochitl oder Tezozomoc deren Sinn noch entschlüsseln, sondern die gebildeten Indianer lernen auch, die ikonographische Tradition mit der europäischen Schrift zu kombinieren. Mit einer Findigkeit und Intelligenz, die die erstaunliche Fruchtbarkeit dieser Periode bezeugt, gelingt es ihnen, die beiden Ausdrucksweisen optimal zu nutzen. Und doch wird diese Renaissance von der Kolonialmaschinerie im Keim erstickt.

Der indianische Maler Juan Gerson ist der Schöpfer der Fresken der „Apokalypse von Tecamachalco". Wie seine Fachkollegen vermischt er europäische Komposition mit einheimischen Elementen. Den indianischen Malern gelingt es, die koloniale Wirklichkeit auszudrücken, wobei sie sowohl den spanischen Anforderungen entsprechen als auch ihrer eigenen Kunst treu bleiben. Vermutlich hat die systematische Unterwerfung der einheimischen Elemente unter den okzidentalen ikonographischen Codex die indianischen Elemente ihrem ursprünglichen Sinn und Gebrauch entfremdet. Doch ist aus dieser Konfrontation ein einzigartiger künstlerischer Ausdruck entstanden.

Die indianischen Massen werden während des gesamten 16. Jahrhunderts von Epidemien, unmenschlicher Ausbeutung und einem völligen Zusammenbruch der Werte heimgesucht.

Das Chaos nimmt vielfältige Formen an. Die altüberlieferten Zeichen der Klassen- und Machtunterschiede sind verschwunden. Verschwunden sind auch die vielfältigen Hinweise auf sozialen Vorrang, die prachtvolle Kleidung, die religiösen Feste, das göttliche Fleisch der Geopferten, der Kakao und die Halluzinogene.

Viel schlimmer ist die Machtlosigkeit: Im Jahr 1521 liefern die Adligen und Führungsschichten den tragischen Beweis ihrer Unfähigkeit, sich den Fremden entgegenzustellen. Am schlimmsten aber ist der Tod der Götter: Seit dem Ende der 1520er Jahre werden in den allgemeinen Wirren und unter dem Druck der Missionare die Opfer und Kulte, die seit jeher die Zeitzyklen gegliedert und den Lauf des Kosmos gewährleistet haben, ausgesetzt oder endgültig fallengelassen. Der gesamte Rahmen, der die alten Gesellschaften trug, wird so in Frage gestellt und zerbrochen, ohne daß er in den ersten Jahrzehnten durch etwas ersetzt worden wäre – außer in einigen Städten durch das Christentum der Franziskaner.

Bis in die 1540er Jahre hinein herrscht die reine Willkür: Willkür der Eroberer, die sich gierig auf ihre Beute stürzen, die besiegten Indianer versklaven, ihnen ein Brandzeichen aufdrücken und sie bis auf den Tod ausbeuten; Willkür der Kaziken, deren Ausbeutung der Spanier oft in nichts nachsteht. Den Spaniern genügt es nicht, die alten Priester und einen Teil des Adels zu vernichten. Sie beanspruchen auch das Monopol auf das Priestertum und das Heilige schlechthin, d. h. die Definition der Welt. Die Missionierung verändert nicht nur die Welt, sondern auch die Verhaltensformen. Vor allem dadurch, daß sie eine andere Sprache sprechen, ist die Mehrheit der Indianer wohl nicht in der

Codex aus der Zeit nach der Eroberung mit aztekischen Bildern und spanischem Text. Er wird 1554 unter der Leitung eines spanischen Missionars angefertigt. Die Missionare entdecken im Bild vor allem in der ersten Zeit ein bequemes Mittel, ihre Unkenntnis der indianischen Sprachen zu verschleiern.

Lage, die ganze Tragweite der Veränderungen zu verstehen. Jedenfalls ist die Verwirrung total, wie es das Zeugnis eines Einheimischen beweist: „Die große Freiheit, derer wir uns nun erfreuen, ist für uns verheerend, denn wir sind nicht mehr gezwungen, irgend etwas zu fürchten oder zu achten."

Als Krone und Kirche Mitte des 16. Jahrhunderts eine Ordnung durchsetzen, steht das Schlimmste noch bevor: die Epidemien.

Diese Geißel fordert einen furchtbaren Tribut an Menschenleben. Über die Art der Krankheiten, die die Indianer, Volk und Adel, dahinraffen, ist so gut wie nichts bekannt. Typhus und Pocken breiten sich seit der Belagerung Mexikos aus. Die Epidemien verbreiten sich im ganzen Land und wüten fast ununterbrochen. Am schlimmsten ist es während der Jahre 1545–1548, 1581–1586 und 1629–1631.

Die Wirkungslosigkeit der therapeutischen Mittel, die moralische und kulturelle Verzweiflung, die Erschöpfung der Menschen und das Fehlen von Abwehrkräften erklären das gigantische Ausmaß der Sterblichkeit. Die Spanier sind über den raschen Rückgang der Bevölkerungszahl bestürzt, der ihnen kostbare Arbeitskräfte und einen großen Teil der Einkünfte raubt, und versuchen, das Phänomen zu verstehen. Die Indianer ihrerseits schreiben, von Panik ergriffen, diese Katastrophen dem Zusammenbruch ihrer Gesellschaftsordnung, der Grausamkeit der Spanier und dem Zorn ihrer alten Götter zu, die aufgehört haben, sie zu beschützen. Nicht selten verfallen sie angesichts des Unheils in völlige Apathie.

In dieser Lage des Massensterbens und des Zusammenbruchs der traditionellen Werte bietet der Alkohol ein letztes Refugium für viele Indianer. Die Verbote aus der präspanischen Zeit werden dabei einfach vergessen: Kindstötungen, Abtreibungen und Selbstmorde mehren sich. All dies zeigt deutlich die Tragödie, die die sich vollständig selbst überlassenen Völker durchleben. Doch ist dies erst der Beginn des Bruchs mit der alten Zeit. Er setzt sich während des gesamten 16. und bis in die ersten Jahrzehnte des 17. Jahrhunderts hinein fort. Die indianische Welt wird mit der Agonie nicht fertig. Es fällt einer Handvoll Überlebender zu, eine andere Welt aufzubauen.

Vor der unbarmherzigen Geißel der von den Spaniern eingeschleppten Epidemien ist die große Wissenschaft der aztekischen Ärzte („ticitl") machtlos. Die Krankheiten werden übernatürlichen Ursachen zugeschrieben, dem Willen bestimmter Götter oder dem Bann von Zauberern. Der ticitl greift häufig auf Hellseherei, Gegenmagie und Handauflegen zurück. Doch er kann auch Brüche richten, Pflaster auflegen, Aderlässe vornehmen und vor allem Tränke aus Heilpflanzen herstellen.

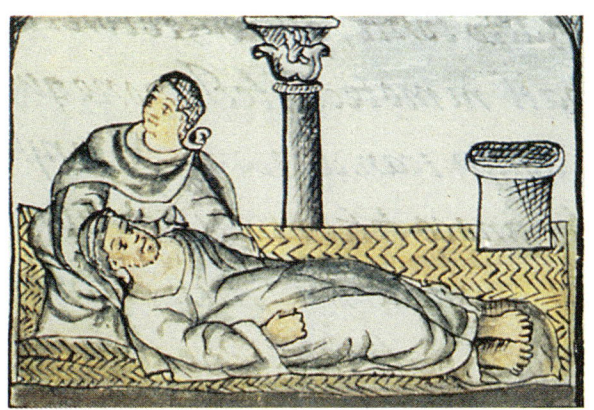

Zwischen 1550 und 1564 auf die Bestellung des Vizekönigs Don Luis de Velasco gemalt, ist der „Codex von Tlaxcala" eine Auftragsarbeit von 7 x 2,50 m, die in einer Folge von 87 Bildern die tlaxcaltekische Version der Ereignisse darstellt. Auf der vorliegenden Seite erscheinen Gouverneure, Vizekönige und Fürsten von Tlaxcala unter dem Wappen Karls V.

De Lobo y d India; Albarazado.

SECHSTES KAPITEL

UNMÖGLICH, ZU ÜBERLEBEN!

Ab dem 17. Jahrhundert bricht die indianische Gesellschaft auseinander, nachdem sie in Umstürze, die das koloniale Mexiko erschüttern, hineingezogen worden ist. Auch wenn sich einige weiterhin auf ihre präspanischen Wurzeln berufen, ist ihre Lebensweise ein mehr oder weniger getreues Abbild des spanischen Vorbilds.

Gegen Ende des 16. Jahrhundert gibt es in Mexiko bereits über 25 000 Mestizen; ein halbes Jahrhundert später 400 000. Ihre Zahl wächst um so schneller, als die spanischen Auswanderer hauptsächlich Männer sind. Gegen Ende des 18. Jahrhunderts erreicht die Zahl der Mestizen 1,5 Mio.

Die ständig steigende Zahl der Ehebündnisse führt dazu, daß der indianische Adel sich mit den Spaniern vermischt. Es entsteht eine Art Zwischen- bzw. *Mestizenwelt*, in der der Adel seine alte Identität verliert.

Am Ende des 17. Jahrhunderts entsteht ein Dilemma: Die Beibehaltung der einheimischen Identität bei gleichzeitiger Anpassung an das spanische System.

Der Adel muß nun alles daransetzen, seine Erbansprüche zu erhalten und die Weitergabe der von den Spaniern zugestandenen Titel zu sichern. Trotz der Prozesse, die sich zuweilen über ganze Generationen hinziehen, gelingt es Betrügern, sich den Titel eines Kaziken zu erschleichen. Ausgelaugt von schäbigen Streitereien, gehen alte Familien unter. Mit ihnen erlischt endgültig die Erinnerung an die vergangenen Zeiten.

Dennoch gibt es noch mitten im 18. Jahrhundert Adlige, die mächtig genug sind, um in Mexiko und Tlaxcala eine Lobby für die Indianer zu bilden. Eng mit der Kirche verbunden und sehr stolz auf ihr Blut und ihre Herkunft, fährt diese Gruppe fort, Vermögen, Macht und Kultur miteinander zu verbinden. Ihre Sprecher reisen sogar nach Spanien, um die Interessen der mexikanischen Kaziken zu vertreten und gegebenenfalls eine Bildung für die gesamte indianische Bevölkerung einzuklagen, die sie aus dem „Dunkel der Unwissenheit" herausführt, „denn der Bildung beraubt, haben die Einheimischen nur den

In einer ersten Phase beobachtet die Krone die Eroberer und läßt ihnen ziemlich freie Hand. Aber sie mißtraut ihren Maßnahmen und ist entschlossen, ihnen die geforderten Befugnisse nicht für lange Zeit zu übertragen. Bereits im November 1529 bestimmt der König einen seiner Diener, einen loyalen, vorsichtigen und arbeitsamen Edelmann, dazu, ihn mit weitreichenden Vollmachten in Mexiko zu vertreten. Erst 1535 eingesetzt, ist Antonio de Mendoza der erste von 62 Vizekönigen, die in Mexiko über beinahe drei Jahrhunderte aufeinanderfolgen, und auf Anhieb einer der bemerkenswertesten. Der Ära der Eroberer folgt die der Beamten. Drei große Verwalter, Mendoza (1535–1549), Luis de Velasco (1550–1564) und Martin Enriquez (1568–1580) gewährleisten während des gesamten 16. Jahrhunderts in Mexiko eine Periode der Ruhe, die die Fortführung der Eroberung gestattet und es der Wirtschaft des Landes erlaubt, sich in einer für das Eroberervolk günstigen Richtung zu entwickeln.

FORMA Y LEVANTADO DE L...
Por la correspondencia de los numeros se señalan en ...

Nº 1. Conuentos de S. Fran.co   4. g. son S. Fran.co S. Tiago S. Diego S.ª Maria la redonda   Nº 7. Moncas.
Nº 2. De S.t Augustin   4. S.t Augustin S. Pablo S. Sebastian S. Cruz
Nº 3. D.o S. Domingo.   2. que son S. Domingo y Porta Cieli   Nº 8. Hospitales
Nº 4. Padres de la Comp.ª   4. Casa profesa los Estudios S. Ylefonso S. Anna nouciada
Nº 5. Mercenarios   2. Nuestra S.ª De la merced y N.ª S.ª De Belim.   Nº 9. Paroquias
Nº 6. Nra S.ª Del Carmen   y N.ª Senora de Montserrate   Nº 10. Colegios
Suma 18.   Suma

A. Palacio Re.
B. Cathedral.
C. Casa de Cabildo.
D. Casa Arpt.
F. Uniuersidad.
G. Alameda.
Los demas casas estan señaladas por
su demostracion como al distinto partes
por la Pluma.

Juº gomeZ de trasmonte A. 1628.

AD DE MEXICO.

los conuentos y cosas señalados.

Seña La Encarnacion S.ta Ynes S.ta Teresa, The Maria La conepcion San
...alesa S.ta Clara S.ta Fe R.la penitencia. Regina coli S.ta Monica la arecada y S.ta Cor S.amak
...tidues de N.ª S.ª de la merced de el spiritu S. de Juan de Dios de la misti,
...dalte y de San Lacaro
...Martyr, y La U Cra Cruz
...Juan de Latran Colegio de Xpo. Colegio de Las niñas

Hauptstadt Neu-Spaniens

Ende des 18. und Anfang des 19. Jahrhunderts ist die Hauptstadt Neu-Spaniens mit ihren 137 000 Einwohnern die am dichtesten bevölkerte Stadt der Neuen Welt. Sie kann sich monumentaler Gerüste zur Fertigstellung der Kathedrale und zur Renovierung herrschaftlicher Häuser wie der Casa de los Azulejos rühmen: Dieses Gebäude beherbergt neue Einrichtungen, so die Tabakmanufaktur, das Bergwerkskolleg und die Akademie der schönen Künste von San Carlos mit ihrer Sammlung von Gipsabdrücken, die die Regierung von Madrid geschickt hat. Die von Bucarelli und seinen Nachfolgern befohlenen städtebaulichen Maßnahmen haben die Stadt gesunden lassen und sie verschönert. Die Vizekönige lassen die Straßen pflastern, Bürgersteige anlegen und Abfälle und Abwässer abtransportieren. Ein öffentlicher Dienst gewährleistet die Beleuchtung der Straßen wie zu Zeiten Motecuhzomas. Auf diese Weise wird Mexiko gesünder, sicherer und prächtiger als im vorangegangenen Jahrhundert.

Von der Pyramide zur Kathedrale

Entlang des Zocalo in Mexiko (der ehemaligen Plaza Mayor) erhebt die weiträumigste Kirche Mexikos ihre schöne, vorherrschend barocke Fassade aus grauem Stein zwischen zwei neoklassizistischen gedrungenen Türmen. Begonnen wird sie im Jahr 1573, nachdem Cabildo den König von Spanien, Philipp II., darum ersucht hat, ihm den Bau einer neuen, des Reichtums der Neuen Welt würdigen Kathedrale zu gestatten. Vollendet wird sie erst 1813. Diese Kathedrale soll die bescheidene Bischofskirche, die kurz nach der Eroberung mit Material aus dem großen Templo Mayor errichtet war, ersetzen. Sie liegt ein wenig nordöstlich der jetzigen Kathedrale. Der barocke Teil der Fassade ist mit drei Portalen ausgestattet, die von Säulen flankiert werden. Darüber befinden sich Nischen mit Ornament-Skulpturen. Die für die Kathedrale charakteristischen Stilunterschiede bezeugen, daß ihre Erbauung das Werk mehrerer Generationen von Architekten ist.

Verstand, den die Natur ihnen eingibt". Dieser Adel hat sich die Lektion der Missionare des 16. Jahrhunderts und die Vorurteile ihrer Zeit so gut einverleibt, daß er die Flamme der Missionierung weiterträgt. Er wird dabei von denjenigen seiner Mitglieder unterstützt, die dem katholischen Klerus angehören. Während der Adel versucht, seinen Untergang aufzuhalten, lebt das indianische Leben um die „Pueblos" herum wieder auf.

Im Jahr 1531 soll dem Indianer Juan Diego mehrmals Maria auf dem Hügel von Tepayac erschienen sein. Seitdem nimmt die Zahl der Pilger zur Kapelle der Heiligen Jungfrau von Guadalupe stark zu.

Das koloniale „Pueblo" ist gleichzeitig Dorf, Grund und Boden und Gemeinschaft.

Angesichts des Zusammenbruchs der großen ethnischen und politischen Einheiten aus der Zeit der Eroberung, angesichts der Epidemien und des Verlusts der Tradition, ziehen sich die Indianer gegen Ende des 16. Jahrhunderts in einen eigenen Lebensraum zurück. Ab der Mitte des 17. Jahrhunderts ist das Ziel dieser kleinen Notablen, ihre Macht zu legitimieren, indem sie sich einen Platz in der Kolonialgesellschaft des barocken Mexiko erobern. Um das zu erreichen, stellen sie sich selbst Besitzurkunden aus, in denen die Geschichte des „Pueblo" verzeichnet ist.

In den letzten Jahrzehnten des 16. und den ersten des 17. Jahrhunderts finden wunderbare Heilungen statt, die das Ansehen der Jungfrau von Guadalupe, der Schutzpatronin Mexikos, erhöhen. Allerdings befürchten die Franziskaner, daß die Indianer in der Jungfrau Maria die alte Göttin Tonantzin anbeten.

Die Missionierung erscheint als eine wesentliche Etappe in der Geschichte des „Pueblo".

Weit davon entfernt, ausschließliches Privileg des Adels zu sein, dient die Schrift auch dazu, im Inneren der Nahua-Provinzen ein gemeinsames Geschichtsbewußtsein zu schaffen. In den Besitzurkunden wird die Jahrhunderte zurückliegende Missionierung der Indianer nicht mehr als brutale Unterdrückung gedeutet. Die Kirche wird darin als der neue Motor der Gemeinschaft dargestellt, zumal hier nun die Riten gefeiert werden, die dem Leben den vermißten Rhythmus geben (Taufe, Heirat, Begräbnis...). Die Wahl eines Schutzheiligen wird mit den Jahren als Akt der Indianer angesehen, und seit dem 17. Jahrhundert berichten Legenden davon, wie der Heilige den Bewohnern seines „Pueblos" seinen Willen kundgetan hat.

Die Führungsschicht der „Pueblos" kämpft hartnäckig gegen alle, die versuchen, ihre Rechte zu schmälern.

Am wenigsten werden die Vorrechte des „Pueblos" von den spanischen Großgrundbesitzern und den Gemeindepriestern anerkannt. Tatsächlich sind das 17. und 18. Jahrhundert erfüllt von Konflikten und Prozessen, in denen sich Indianer und Großgrundbesitzer gegenüberstehen. Die Epidemien mit ihren schweren Verlusten an Menschenleben haben große Flächen unbebauten Landes zurückgelassen, auf dem sich die Spanier niederlassen. Als aber im Lauf des 18. Jahrhunderts die einheimische Bevölkerung wieder wächst und es demzufolge an Grund und Boden mangelt, vervielfältigen sich die Auseinandersetzungen. Ab der zweiten Hälfte des 18. Jahrhunderts nehmen die Spannungen zu, und gewalttätige lokale Revolten brechen aus.

Die Konfrontationen mit den Priestern nehmen einen anderen Verlauf, wenn auch sie gewalttätige Formen annehmen können: Für die Indianer geht es darum, den Status quo zu verteidigen, der es ihnen erlaubt, das religiöse Leben der Gemeinschaft nach eigenen Vorstellungen zu organisieren. Aber wer auch immer der Gegner ist, ihre Rechte und ihre religiösen Vorstellungen – ein koloniales Erbe, in dem indianische und europäische Elemente miteinander verschmelzen – verteidigen die Indianer im Verband des „Pueblos".

Während die Notablen eine neue gemeinschaftliche Identität schaffen, fristen die bäuerlichen Massen in einer kolonialen Gesellschaft ihr Leben.

Für das Volk scheinen sich die Lebens- und Arbeitsbedingungen, der Tribut, die Ernährung, die Sprache und viele andere alltäglichen Dinge trotz der 100jährigen spanischen Herrschaft nicht geändert zu haben. Das Land, das Haus

In den Augen der spanischen Kolonisten ist der Indianer vor allem eine Arbeitskraft. Schon vor Ende des 16. Jahrhunderts hat die wirtschaftliche und soziale Entwicklung Mexikos mit der Entstehung und Ausbreitung großer spanischer Landbesitze, der haciendas, das System der Einheimischenarbeit verändert. Durch Vorschüsse in Geld und Naturalien und vor allem durch Tributvorschüsse an den König binden die Großgrundbesitzer indianische Familien an ihren Landbesitz und halten sie dauernd verschuldet.

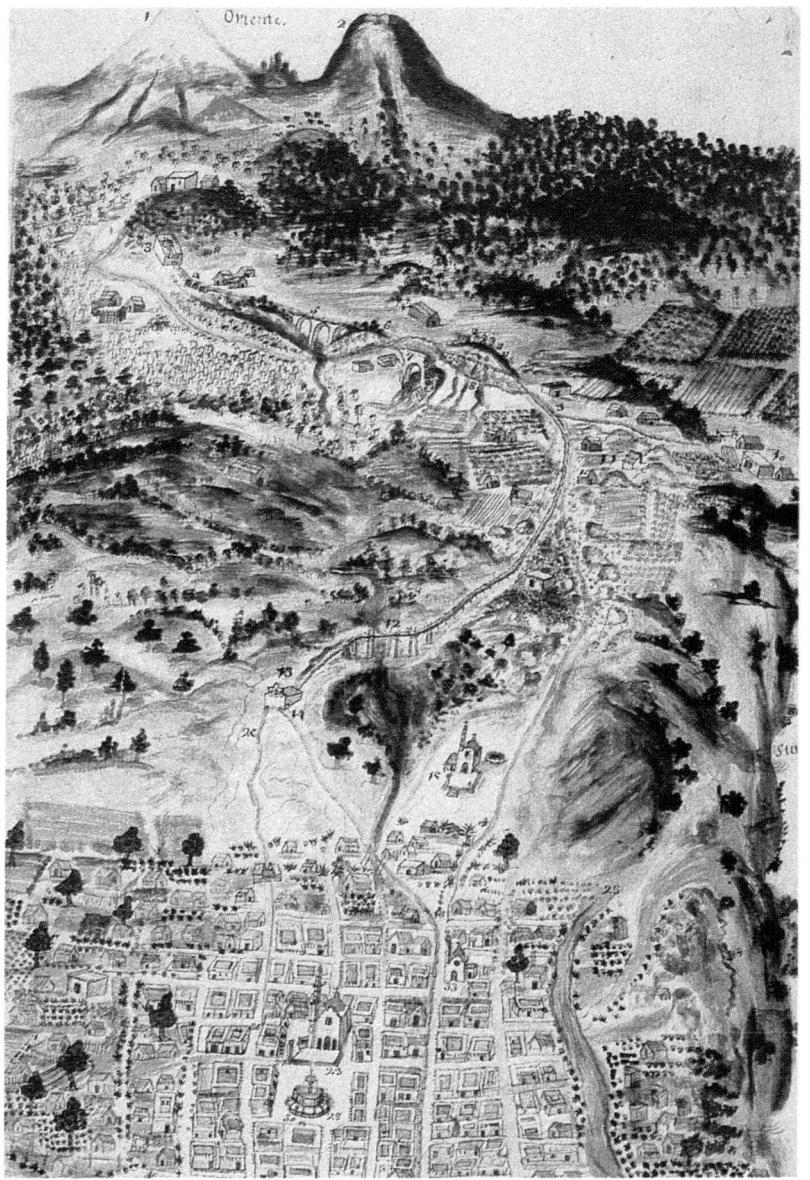

Aus einem Umkreis von 10 bis 100 km strömen die Indianer nach Cuauhtitlan, um zu beten. Die Jungfrau von Guadalupe bleibt die am meisten verehrte Schutzheilige Mexikos. Bei den Prozessionen werden barocke Statuen aus bemaltem Holz durch die Stadt getragen. Diese Statuen sind oft von erschreckendem Realismus und bezeugen die Vorliebe, Verletzungen und blutüberströmte Wundmale darzustellen.

und die Maisfelder werden von altüberlieferten Mächten, die man seit undenklichen Zeiten zu versöhnen sucht, geschützt. Schon vor dem Ende der großen Epidemien, d. h. seit der ersten Hälfte des 17. Jahrhunderts, haben die Überlebenden damit begonnen, ihrer Existenz einen Sinn und ein Gleichgewicht zu geben, indem sie den Kult der traditionellen Mächte – Feuer, Wasser, die „Bewohner der Berge" oder die Winde – mit der Verehrung der Heiligen, die nun Dorf und Heim beschützen, in Übereinstimmung bringen.

Nach und nach entwickeln die Indianer Praktiken, Glaubensanschauungen und Ausdrucksformen, deren Spuren die indianischen Gesellschaften noch heute prägen. Das 17. Jahrhundert erlebt die Blüte eines eigentümlichen Christentums, in dem sich die verbliebene Identität in einer absoluten Hingabe an die Familie, der Bildung von Bruderschaften und zahlreichen Festen ausdrückt. Mit ihren Kreuzwegen, Kapellen, Wunderbildern, *Corridas*, Karnevals, Prozessionen und Pilgerreisen erinnern die Täler von Mexiko, Toluca und Puebla mehr und mehr an Mittelmeerlandstriche. Aus diesen zugleich kolonisierten und kolonialen Kulturen geht eine neue Form des Christentums hervor.

Im 17. Jahrhundert findet die Verehrung der Jungfrau von Guadalupe starke Verbreitung.

Im Kontakt mit Mestizen, *Mulatten* und Spaniern, die in die Ländereien einfallen, erfährt das Christentum im 18. Jahrhundert eine neue Entwicklung. Es deutet sich eine neue Kultur an, in der sich Glaubensvorstellungen und Praktiken aller Art vermischen. Sie bildet eine Vorform der kulturellen Vielfalt des modernen Mexiko, in der das indianische Erbe nach und nach aufgeht. Aber die eigentliche Veränderung vollzieht sich in der Stadt, besonders in der Hauptstadt Neu-Spaniens.

Seit dem 16. Jahrhundert erlernen die Indianer hier die spanische Sprache und erfahren alle möglichen biologischen, sozialen und kulturellen Mischungen. Sie lernen, zwischen zwei Welten zu pendeln, zwischen der Welt der spanischen Herren, in deren Dienst sie stehen, und der einer Gemeinschaft, deren Zwänge ihnen zuweilen unerträglich werden. Zweisprachig aufgewachsen, gelingt es den damals „ladinos" (d. h. Hispanisierte) genannten, von den Vorteilen ihrer Herkunft wie auch von denen der Anpassung und der Anonymität zu profitieren. Abgesehen vielleicht von Haarschnitt oder Kleidung, scheinen sie sich schon im 17. Jahrhundert

In jeder Gemeinde führt der Pfarrer im allgemeinen drei Taufregister: eines für die Weißen, ein anderes für die Indianer und das dritte für Mischlinge. Es werden mehr oder weniger offizielle Klassifikationen erstellt, die bis zu 16 Kategorien von Mischlingen enthalten, je nach dem Anteil des europäischen, indianischen oder schwarzen Bluts. In Wirklichkeit aber wird kaum ein Unterschied zwischen einer dunkleren oder helleren Mischung gemacht. Obwohl sie dem Mischling gesetzlich überlegen sind, bekleiden die Indianer häufig eine niedrigere soziale Stellung, während der Mestize (als Vorarbeiter, Angestellter, Diener) als Treuhänder der Autorität seines Herrn auftritt. Gegen Ende der Kolonialzeit bezeichnen Indianer und Mestizen eher soziale Kategorien, was aber keineswegs Ehen verhindert, die Parteien aus zwei verschiedenen ethnischen Gruppen zusammenführen.

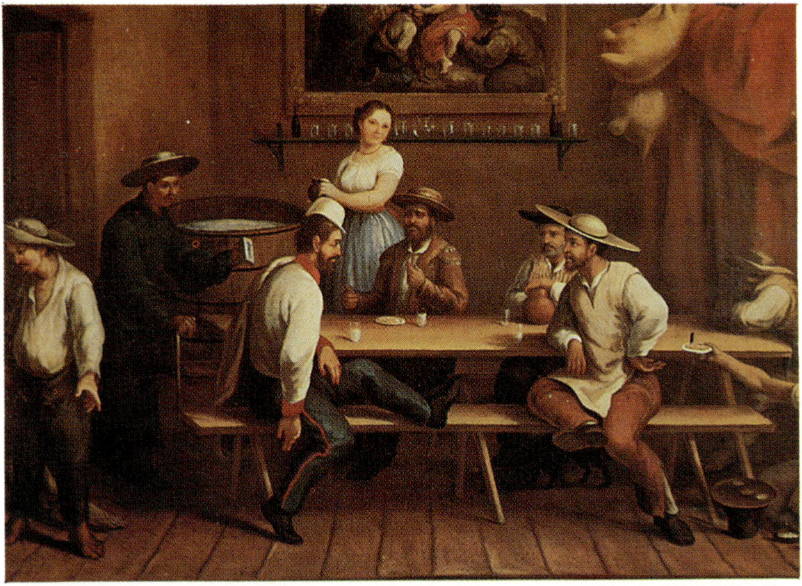

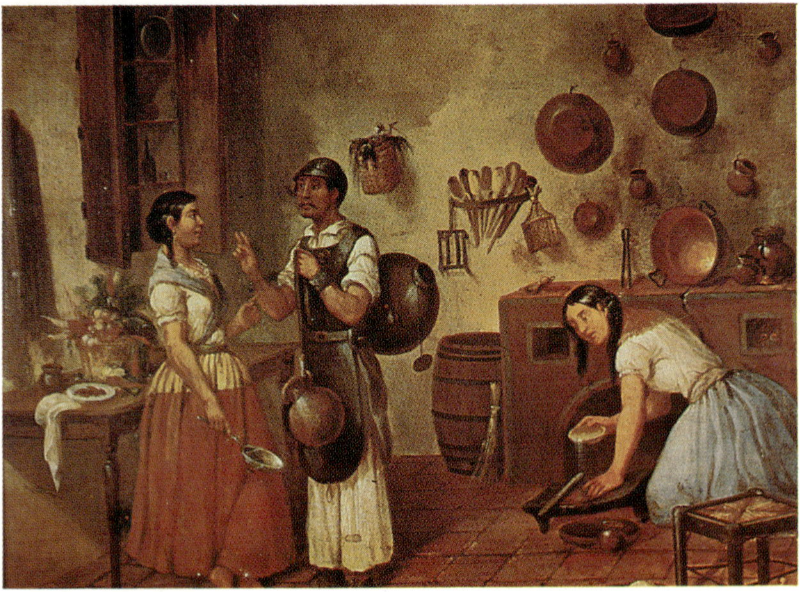

in nichts mehr von der spanischen Bevölkerung zu unterscheiden.

Wie ein Magnet zieht die Stadt die Indianer aus den Dörfern an, weil sie dort zu stark ausgebeutet werden oder weil sie entschlossen sind, mit ihrer Gemeinschaft zu brechen. Es ist eine uralte Faszination: Man denke nur an die Völker, die sich vor Jahrhunderten um die toltekischen Städte sammelten, um an deren Kultur teilzuhaben.

Die Falle der spanischen Stadt: die Hoffnung auf Gewinn und leichtes Vergnügen, der Alkohol, die Illusion, seiner Herkunft zu entkommen.

Die modernen Kolonialstädte werden sehr schnell zu Zentren der Verelendung, deren auffälligstes Merkmal wohl der Alkoholismus ist. Ihm verfällt ein großer Teil der indianischen Bevölkerung.

Die Schenken oder „Pulquerias" sind Schauplatz von Szenen, die bar jedes Exotismus sind: Hier verschleudern Ehemänner die mageren Haushaltseinkünfte, kommt es zu blutigen Schlägereien und wird Prostitution betrieben. Im Jahr 1784 zählt die Hauptstadt 150 000 Einwohner und mehr als 600 „Pulquerias", in denen leicht 100 Konsumenten Platz finden. Doch unbestritten ist auch, daß die Indianer im Milieu der „Pulqueria", d. h. abseits von Kirche und Gemeinde, das Leben in der Mischgesellschaft und die Koexistenz mit Schwarzen, Mulatten und Mischlingen aller Art erlernen. So sind die Tavernen auf der einen Seite Brutstätten von Kriminalität, Korruption und Prostitution, auf der anderen Seite aber auch Lebens- und Freizeiträume. Als Alternative zu einer rigiden Gesellschaft, die den Platz jedes einzelnen entsprechend seiner Rasse und seinem Vermögen

Zweifellos wird im 17. und zu Beginn des 18. Jahrhunderts die Zubereitung des Pulque noch von rituellen Praktiken und Opfergaben an die Götter begleitet, und die Trinkgelage, die Brüderschaftsfeste, Begräbnisse und christliche Feierlichkeiten begleiten, sind bis in die großen Städte hinein Widerhall der kollektiven Feiern aus der Zeit vor der Eroberung. Im 19. Jahrhundert jedoch wandelt sich das Phänomen der „Pulqueria" grundlegend.

Das Problem der von außen kommenden Indianer, der ländlichen Einwanderer, stellt sich seit Beginn des 17. Jahrhunderts. Nacheinander werden eine Bruderschaft (1619), dann eine Pfarrei (1678) damit beauftragt, diese „Immigranten", mit denen man nichts anzufangen weiß, zu sammeln. 1750 befinden sich nicht weniger als 10 000 Indianer in den Städten, wo sie alle niedrigen Dienste versehen und jedes Kleingewerbe betreiben: Lastenträger, Wasser- und Tortillaverkäufer oder Dienstpersonal in den reichen Mestizenhäusern.

festlegt, sind die „Pulquerias" in vieler
Hinsicht der Schmelztiegel, aus dem die
Volkskultur und die „Kultur der Armut"
des modernen Mexiko hervorgehen.

Ab der zweiten Hälfte des 16. Jahrhunderts findet sich eine dezimierte, entwur-
zelte und mobile Bevölkerung gewisser-
maßen als Lohnarbeiter in den Silberminen
wieder, wo sie in mehr oder weniger dauer-
haften und spezialisierten Mannschaften
arbeiten. Diese Arbeiter machen in einer einzigen Generation gleich mehrere Stufen
einer kulturellen Assimilation durch, wofür
andere Jahrhunderte brauchen.

Ebenso wie die Arbeit in den Minen
verschleißt auch die Zwangsarbeit in den
gefängnisartigen Werkhallen, den „Obrajes",
die Menschen. Sie werden ihrer Umgebung,
ihren Familien entrissen und einem ausweg-
losen Identitätsverlust ausgesetzt. Für andere
Indianer jedoch bietet das Handwerk, der
Verkauf von Lebensmitteln und das Dienst-
botendasein die Chance, sich in der Welt
der Mestizen einzurichten und dem Elend
zu entkommen.

Ab dem Ende des 18. Jahrhunderts sind die Indianer, die Epidemien, Mischung der Rassen und koloniale Ausbeutung überstanden haben, den ersten Anstürmen der modernen Welt ausgesetzt.

Paradoxerweise sind es die Ideen der Aufklärung und der Unabhängigkeit, die die indianische Lebensform von neuem in Frage stellen und das mühsam errungene Gleichgewicht der indianischen Gemeinschaften brutal erschüttern. Nun ist es der Staat, der eingreift. Man versucht, sie zu zivilisieren (und nicht mehr wie im 16. Jahrhundert zu missionieren) und zwingt sie dazu, die spanische Landessprache zu erlernen. Zur selben Zeit, gegen 1780, verordnet die Regierung im Zusammenhang mit rigiden Sparmaßnahmen, daß die eindrucksvollsten Manifestationen der indianischen Kultur abgeschafft oder stark eingeschränkt werden: das religiöse Theater, die Bruderschaften, die Prozessionen und Feste. Im selben Geist revidiert die Krone bald ihre Gemeindepolitik

Als bedeutende Einrichtung der alten mexikanischen Gesellschaften überdauert die Tradition des beinahe täglich stattfindenden Markts die Jahrhunderte. Der Markt hat sich seine ganze Vielfalt bewahrt und mit der Kolonisierung einen zusätzlichen Sinn gewonnen. Er ist nicht nur der Ort, wo um Geld und Lebensmittel gefeilscht wird, sondern auch Ort des Austauschs und der Begegnung, der Vermischung der sozialen Klassen und der Rassen. Gerade zu einer Zeit und an einem Ort, wo das Problem des Mestizentums und der indianischen „Integration" am brennendsten ist, wird der Markt zu einem Raum, wo Mischlinge, Indianer und Weiße für einige Zeit zusammenkommen und eine gemeinsame Sprache sprechen.

und schafft im 19. Jahrhundert formell jeden rechtlichen
Unterschied zwischen Indianern und Spaniern ab.
Handelt es sich dabei nun um die Bevormundung durch
eine „aufgeklärte" Macht, die die Indianer zu bilden und
ihre materielle Existenz zu verbessern trachtet, oder um
die ersten Schläge gegen Kulturen, denen es kaum gelungen ist, das Erbe des Jahrhunderts der Eroberung und des
barocken 17. Jahrhunderts zu verkraften?

Aus Sorge um Demokratie und Gleichheit werden
diese Maßnahmen nach der Unabhängigkeit von 1821 von
dem jungen mexikanischen Staat bestätigt. Er macht aus
den Indianern Bürger wie alle anderen. Darüber hinaus
leitet der Staat eine Privatisierung ein, infolge derer das
Gemeindeland, aus denen die „Pueblos" einen großen Teil
ihrer Ernten bezogen, an Einzelpersonen verkauft wird.
Es ist gleichsam ein zivilrechtliches Todesurteil für die
indianischen Gemeinden.

In Mexiko-Stadt verschwinden die indianischen Viertel, lange Zeit Erben des präspanischen Tenochtitlan und
Tlatelolco, und werden von der modernen Stadt aufgeso-
gen. Von nun an bleibt den Indianern nichts anderes übrig,
als sich vor den Spekulanten zu verbergen und in der
Masse der Mischlinge aufzugehen. Noch andere Übel
unterminieren die Landgemeinden während des gesamten
19. Jahrhunderts: Die Ausdehnung des Großgrundbesitzes
macht aus den einheimischen Bauern lebenslang verschul-
dete Landarbeiter (oder *Peones*), die an den Grund und
Boden ihrer Herren gefesselt und seiner Willkür ausgeliefert
sind. Wenn diese neue Form der Sklaverei auch durch die
Revolution von 1910 beendet wird, so kann sie doch die
irreversible Zerstörung der von den Indianern unter der
spanischen Herrschaft mühsam wieder aufgebaute Struktur
nicht ungeschehen machen.

Sind die Tolteken heute nur noch Bilder in Kunstbild-
bänden, Gestalten in Comicheften oder Statisten in
revolutionären Heldensagen?

Dörfer und Enklaven widerstehen länger als andere der
Modernisierung. Doch in den 1940er Jahren, in der Zeit
des schnellen Aufschwungs und der Industrialisierung,
beginnt die Ära der massiven Abwanderung in die Städte
und der Landflucht aus Gegenden, die die großen Familien
nicht mehr ernähren können. Im Tal von Mexiko wird die
jahrtausendealte Kulturlandschaft von der Mega-Haupt-

„Obwohl es zweifellos
modern ist, trägt das
heutige Mexiko doch
das Siegel seiner indianischen Herkunft, den
Stempel der Azteken,
deren Sprache das
gesprochene Spanisch
durchsetzt und die aus-
reichend Spuren ihrer…

stadt verschlungen. Bleibt uns von den Nachkommen der Tolteken nun nichts als ein stummes Kunsthandwerk, in dem sich das weit zurückliegende Erbe aus Zeiten vor der Eroberung, das der spanischen Kolonialzeit wie auch das des 19. Jahrhunderts vermischen?

Und dennoch, die Indianer leben. Aber sie haben kaum noch Möglichkeiten, der Anonymität einer Industriegesellschaft zu entkommen, die ihnen die Zauberwelt des Konsums bis vor die Türen ihrer Elendsviertel vorgaukelt. 1000 Jahre nach dem Tula der Tolteken, 500 Jahre nach dem Tenochtitlan der Mexica schlägt die Endjahrtausendstadt mit 20 Mio. Einwohnern nun ihrerseits über den faszinierten und besiegten Einwanderern zusammen.

…intellektuellen und künstlerischen Fähigkeiten hinterlassen haben, so daß man mit Vertrauen in die Zukunft dieses Landes blicken kann.«
Jacques Soustelle

Tunes

ZEUGNISSE UND DOKUMENTE

Tenochtitlan – Leben und Alltag in der Metropole der Neuen Welt

Tenochtitlan, die auf einer Insel im Texcoco-See erbaute Hauptstadt des aztekischen Imperiums, wurde durch die Spanier und ihre Verbündeten zerstört, bevor sie ihre zweite Jahrhundertfeier begehen konnte. Diese blühende Stadt, Verkörperung des ungestümen Machtwillens der Azteken, war in kurzer Zeit dem Erdboden gleichgemacht. Die einst so stolzen Tempel sind ebenso verschwunden wie der See. An ihrer Stelle breitet sich heute eine neue Metropole aus: Mexico City, erbaut auf den Ruinen Tenochtitlans.

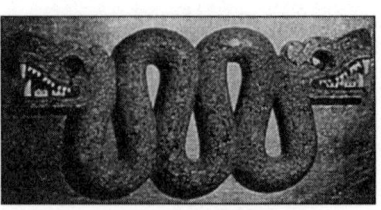

Im Jahr 1519 marschierte der Heerzug des Hernán Cortés mit 1000 Mann tlaxcaltekischer Hilfstruppen ins Hochland von Mexiko. Ihr Ziel war Tenochtitlan und seine sagenhaften Reichtümer. Der Anblick der Stadt, die sich zu Füßen der Eroberer inmitten des Sees ausbreitete, muß überwältigend gewesen sein. Sie übertraf alle Städte Europas an Pracht und Größe. Die spanischen Städte dieser Zeit waren allerdings vergleichsweise klein: Toledo hatte nur 18 000 Einwohner, Sevilla etwa 15 000 – weniger als ein Zehntel von Tenochtitlan, das nach neuesten Schätzungen etwa 235 000 Menschen beherbergte und eine Fläche von 12 – 15 km^2 bedeckte. Rechnet man noch die Trabantenstädte an den Ufern des Sees hinzu, kommt man gar auf 400 000 Einwohner. Selbst Rom und London hatten im 16. Jahrhundert weniger als 100 000 Einwohner.

Bernal Díaz de Castillo, ein Gefolgsmann des Hernán Cortés, berichtet von der Ankunft der Spanier in Iztapalapan, dem südlichen Brückenkopf zur Hauptstadt Tenochtitlan.

Am anderen Morgen gelangten wir auf die breite Heerstraße von Iztapalapan, von wo uns denn zum erstenmal die Menge von Städten und Dörfern, welche mitten in den See gebaut waren, die noch größere Zahl von bedeutenden Ortschaften am Ufer und die schöne, ganz gerade gezogene, Straße, so nach Mexico führte, ins Auge fiel. Unsere Verwunderung stieg in der Tat auf das höchste, und wir sprachen untereinander, daß hier alles den Zauber-Palästen in Amadis Ritterbuch gleiche; so hoch und stolz und herrlich stiegen die Türme, die Tempel und die Häuser der Stadt in ihrem massiven, steinernen Bauwerk mitten aus dem Wasser empor. Ja, manche unsrer Leute behaupteten geradezu, daß alles, was sie sähen, nur ein Traumgesicht sei. (…) Darauf zogen wir in die Stadt Iztapalapan ein und wurden in wahre Paläste einquartiert. Sie waren von ansehnlichem Umfang, mit großen Höfen umgeben und aus schön behauenen Quadersteinen, mit Cedern- und anderem wohlriechenden Holze aufgeführt. Sämtliche Gemächer waren mit Tapeten von baumwollenen Zeugen behangen.

Nachdem wir alles wohl angesehen, besuchten wir die Gartenanlagen, welche zu diesen Palästen gehörten. Sie bildeten einen wundersamen Anblick, und ich konnte nicht satt werden, darin herumzugehen, und die Menge von Bäumen, welche die verschiedensten und herrlichsten Düfte um sich verbreiteten, und die Rosenhecken, Blumenbeete und Obstbäume zu betrachten, womit die Wege eingefaßt waren. Auch befand sich ein Teich mit süßem Wasser hier; er stand mit dem See durch einen Kanal in Verbindung, der die Breite genug hatte, um die größten Kanots (gemeint sind Einbäume, Kanus) zu tragen, und vollkommen ausgemauert, mit Steinen von allerhand Farben und Zeichnungen geschmückt war. (…) Aber schon jetzt ist von alledem nichts mehr zu sehen, und kein Stein dieser einst so schönen Stadt mehr auf dem andern.

(Übersetzung von 1838)

Die Lage der Hauptstadt war geschickt gewählt. Nur über Dämme vom Festland her erreichbar, war sie gut gegen eventuelle Angreifer zu verteidigen. Die Lage im See bot jedoch noch einen weiteren

entscheidenden Vorteil. Schachbrettartig angelegt, wurde sie – ähnlich wie Venedig – von zahlreichen Kanälen durchzogen. Da das Rad in Amerika ebenso unbekannt war wie Lasttiere und da sämtliche Lasten von Trägern auf dem Rücken transportiert werden mußten, wurde in Tenochtlan das Transportproblem durch den Einsatz von Booten gelöst.

Und wirklich beherrschte dieser Teufels-Tempel die ganze Gegend durch seine Höhe. Wir erblickten von hier die drei Dammstraßen, welche nach Mexico führten: die von Iztapalapan, (…) die von Tlacupa, (…) und die von Tepeaquilla. Ferner bemerkten wir die Wasserleitung, welche von Chapultepec kam und die ganze Stadt mit süßem Wasser versorgte. Auch konnte man auf den drei Dammstraßen ganz deutlich die Brücken unterscheiden, die man über ihre Durchschnitte geschlagen, welche das Wasser des großen Sees aus- und einließen. Auf diesem selbst wimmelte es von Fahrzeugen, die der Stadt Lebensmittel, Industrie-Artikel (d. h. Handwerkserzeugnisse) und Handlungs-Waren zuführten. Von hier aus war auch recht gut zu sehen, wie man in ganz Mexico und in allen in den See gebauten Ortschaften nur auf Zugbrücken von Holz oder in Kähnen von einem Haus in das andere gelangen konnte.

Bernal Díaz de Castillo:
„Wahrhafte Geschichte der Entdeckung und Eroberung von Mexico"
Zit. n. Gerhard Baer:
„Die Städte Tenochtitlan und Tlatelolco"

Belagerung Tenochtitlans durch die Spanier.

Die Dammstraßen gingen in die Hauptachsen der Stadt über, die sich, zusammen mit einer von Osten kommenden Hauptstraße, am heutigen Zócalo trafen. Hier lag das Zentrum der Stadt mit dem Haupttempelbezirk, einem Geviert von etwa 440 m Seitenlänge, das von einer Mauer umgeben war, zu deren Füßen Schlangen oder Schlangenköpfe vollplastisch abgebildet waren. Innerhalb dieser von vier Eingängen zu den Hauptstraßen hin unterbrochenen Mauer sollen 78 Tempel gestanden haben, darunter als wichtigster der dem Huitzilopochtli und dem Regengott Tlaloc gewidmete Haupttempel (Templo Mayor), der in den letzten Jahren eingehender untersucht wurde.

Auch andere Götter hatten hier ihre Tempel, so der Kriegsgott Tezcatlipoca, der Sonnengott Tonatiuh, die Erdgöttin Cihuacoatl und der Windgott Quetzalcoatl Ehecatl, dessen Tempel und Pyramide als einzige rund und nicht eckig angelegt waren. Sie erhoben sich in mehreren abgeschrägten Stufen bis zur abgeflachten Spitze, auf der das kleine, einräumige Tempelgebäude mit einem großen Eingang stand, zu dem eine breite, steile Treppe hinaufführte. Das hohe Dach der Tempel war bunt bemalt und mit plastischen Ornamenten versehen. (…) Alle Pyramiden wurden, wie auch der Templo Mayor, im Laufe der Geschichte Tenochtitláns immer wieder um- und überbaut; ja, man scheint zu gewissen Zeiten die ganze Anlage von Grund auf umgestaltet zu haben. Der Haupttempel allerdings hat stets an der gleichen Stelle gestanden. Der „heilige Bezirk" beinhaltete nicht nur den Tempel, sondern auch viele „Nebengebäude" und Anlagen wie Priesterwohnungen und -schulen, Adelsschulen, Magazine, zwei Ballspielplätze, Opferplätze der verschiedensten Art, Gestelle für die Schädel der Geopferten, Wasserbassins usw. Zahlreiche Skulpturen schmückten die Tempelkomplexe, teils an Gebäuden angebracht, teils freistehend mit bestimmten Funktionen, wie die großen

Opferblutschalen, Räuchergefäße und Symbolsteine, von denen der sog. „Sonnenstein" am berühmtesten ist. Berücksichtigt man, daß Tempel, Pyramiden, Nebengebäude und wahrscheinlich auch die meisten Skulpturen in leuchtenden Farben, gelegentlich sogar szenisch, bemalt waren, so muß der gesamte Bezirk einen überwältigenden Eindruck geboten haben.

Nicht minder eindrucksvoll war die Palastanlage des Herrschers, die südlich an den Tempelbezirk anschloß. Sie bedeckte etwa 2,4 ha und bestand aus zahlreichen Gebäuden, darunter dem zweistöckigen Hauptgebäude, in dem Moctezuma Xocoyotzin residierte und seine Staatsgeschäfte abwickelte.

Darüber hinaus gab es „private" Tempel, Häuser für Angehörige, Bedienstete und Gäste, Häuser, in denen Raubtiere, Vögel, Raubvögel und menschliche Mißbildungen wie Bucklige, Zwerge, Albinos usw. gehalten wurden, Vorratshäuser, botanische und zoologische Gärten, kurz, es war eine Luxusresidenz, die ihresgleichen in Europa suchte. Ob diese ganze Anlage von Moctezuma Xocoyotzin errichtet wurde oder von einem seiner Vorfahren übernommen worden war, ist unsicher. Fest steht allerdings, daß nahe dem Haupttempelbezirk zumindest ein Palast seines Vaters Axayacatl existierte, denn dieser wurde den Spaniern als Unterkunft zugewiesen.

Tempel und Paläste wurden augenscheinlich auf der alten, zuerst besiedelten Insel errichtet, die einen mehr oder weniger sicheren Baugrund aufwies und auch vor den immer wiederkehrenden Überschwemmungen geschützt war. Die meisten anderen Gebäude wurden auf Schwemmland errichtet, auf alten, aufgeschütteten chinampa-Böden.

Die Häuser der einfachen Bürger bestanden wie die Paläste aus Stein oder adobe. Sie trugen das für Zentral-Mexiko typische Flachdach, das auch als Aufenthaltsort diente. Nur in den äußersten Randbezirken der Stadt können noch Hütten mit geflochtenen Wänden, Lehmbewurf und Gras- oder Rohrdach vermutet werden. Jedes verheiratete Paar lebte in einem Haus mit einem oder zwei Räumen. Mehrere solcher Häuser bildeten zusammen ein sog. „Gehöft", das von einer Mauer oder einem dichten Rohrzaun umgeben war und direkt an der Straße lag. Das Zentrum bildete ein Hof, auf den die Eingänge der Einzelhäuser ausgerichtet waren.

Märkte waren und sind der Mittelpunkt indianischer Gemeinschaften. Hier werden Neuigkeiten ausgetauscht, hier trifft man sich und kauft die lebensnotwendigen Güter ein. Der größte Markt von Tenochtitlan wurde in Tlatelolco abgehalten, genau an der Stelle, an der sich heute die Plaza de las tres culturas befindet.

Es gibt keine bessere Schilderung dieses Markts als jene, die Bernal Díaz de Castillo verfaßt hat:

„Und so gingen wir zum Tatelulco inmitten der vielen Kaziken, die uns Moctezuma (Xocoyotzin) als Begleiter mitgegeben hatte. Und auf diesem großen Platz angelangt, staunten wir ob der Menge Menschen und Güter, die dort waren, und ob der großen Ordnung und Gesetzlichkeit, die dort herrschten, denn solches hatten wir noch nicht gesehen. Die Herren vom Hof, die mit uns waren, zeigten uns alles; alle Waren standen je nach ihrer Art gesondert und hatten ihren angewiesenen und angezeigten Platz. Beginnen wir mit den Händlern von Gold, Silber, Edelsteinen, Federn, Decken und bestickten Sachen. Andere boten als Ware indianische Sklaven und Sklavinnen an, und davon brachten sie so viele auf diesen Platz zum Verkauf wie die Portugiesen Neger von Guinea; sie hatten ihre Sklaven an lange Stangen angebunden, mit Ketten um den Hals, um ihre Flucht zu verhindern, aber andere ließen sie frei herumgehen. Dann sahen wir Händler von gröberer Kleidung, Baumwolle und Dingen aus gedrehtem Zwirn, Verkäufer von Erdnüssen und Kakaobohnen. Und in dieser Weise standen da alle Kaufwaren Neuspaniens so geordnet, wie es beim Jahrmarkt in meiner Heimat Medina del Campo üblich ist, wo jede Straße ihre besonderen Waren hat; genauso ging es auf diesem Platz zu. Da waren welche, die verkauften Decken aus Agavefasern, Seile und cotoras, das sind die Schuhe, die sie tragen und die sie aus dem gleichen Baume (richtiger: Pflanze) machen, und sehr süße gekochte Wurzeln und andere Süßigkeiten, die sie aus dem gleichen Baume machen (der Agave), alles war in einem Teil des Platzes an dem angezeigten Orte; und Felle von Tigern (Jaguaren), Löwen (Pumas) und Fischottern, und von Schakalen (Coyoten) und anderen Tieren, Dachsen und Wildkatzen, diese gegerbt, und andere ungegerbt, befanden sich in einem anderen Teile, und andere Dinge und Waren.

Laßt uns weitergehen, und sprechen wir von denen, die frijoles (schwarze Bohnen) verkaufen und chia (Salbei) und andere Gemüse und Kräuter in einem anderen Teil. Gehen wir zu jenen, die Hühner (?, Hühner gab es im Alten Mexiko nicht), Truthühner, Kaninchen, Hasen, Hirsche, Wildenten und kleine Hunde und andere Dinge dieser Art verkauften, in ihrem Teil des Platzes. Sprechen wir von den Fruchtverkäufern, von denen, die gekochte Dinge verkauften, von Mehlkuchen und Kaldaunen, auch auf ihrem Platz. Wohl jede Art von Tonwaren, hergestellt in tausend verschiedenen Arten, bis zu riesigen Töpfen und kleinen Gefäßen, sie standen für sich; und auch jene, die Honig verkauften und Sirup und andere Näschereien, die sie wie Marzipan machen. Dann die, die Holz verkauften, Bretter, Wiegen und Balken und Blöcke und Bänke, alles für sich. Gehen wir zu denen, die Brennholz verkauften, ocote und andere Dinge dieser Art. Denen, die mehr hören wollen, denen sage ich, mit Verlaub, daß sie viele Kanus voll menschlicher Ausscheidungen verkaufen, die sie in den Kanälen nahe dem Platz haben, und diese dienen dazu, Salz zu machen oder Felle zu gerben, denn sie sagen, ohne dieses würden sie nicht gut. Nun, ich glaube zu wissen, daß einige Herren darüber lachen werden; aber ich sage, so ist es; und ich sage noch dazu, daß sie die Sitte hatten, an allen Wegen Dinge aus Rohr oder Stroh oder Gras zu haben, damit sie nicht von denen, die vorübergingen, gesehen würden; und dorthin zogen sie sich zurück, wenn sie sich entleeren mußten, damit jener Kot nicht verloren ginge. Aber warum verschwende ich so viele Worte über das,

Markt in Tenochtitlan.

was auf jenem großen Platz verkauft wurde, denn es könnte noch lange fortdauern, wollte ich alle Kleinigkeiten aufzählen, daß sie Papier dort verkauften, welches sie in diesem Lande amal nennen, und einige Schilfröhrchen mit Wohlgerüchen des Liquidambar, voll von Tabak und anderen gelben Salben und diesen Dingen; und sie verkauften viel Cochenille unter den Torbogen, die es in diesem großen Platz gab. Es gab viele Kräuterhändler und Waren anderer Art; und sie hatten dort ihre Häuser, in denen sie zu Gericht saßen, drei Richter und andere wie Amtsbüttel, die die Waren betrachteten. Vergessen habe ich das Salz und jene, welche Messer aus Feuerstein machten, und wie sie sie herstellen und aus dem gleichen Stein. Dann Fischer und andere, die einige kleine Brötchen verkauften, die sie aus etwas wie Schlamm machen, den sie in jenem großen See ernten, den sie gerinnen lassen, und sie machen Brote aus ihm, die eine Art Käsegeschmack haben; und sie verkaufen Beile aus Messing (gab es in Mexiko voreuropäisch nicht, vielleicht eine Kupferlegierung) und Kupfer und Zinn, und Kürbisschalen, und einige sehr bemalte Holzgefäße.

Ich wünschte, die Aufzählung all der Dinge, die sie dort verkauften, beendet zu haben, denn es gab so viele verschiedene Dinge, daß, damit wir alles sehen und erfragen konnten in dem großen Platz, der so voll Menschen war und umgeben von Torbögen, wir in zwei Tagen nicht alles gesehen hätten. Und wir gingen zum großen cu (Pyramide), und als wir nahe seinen großen Höfen gingen, und bevor wir den gleichen Platz verließen, waren dort viele andere Händler, die, wie man uns sagte, jene waren, die Gold in Körnern zum Verkauf brachten, so wie man es aus Bergwerken holt. Das Gold war in dünne Kiele der Gänse dieses Landes gefüllt, und sie waren so durchsichtig, daß man das Gold von außen sehen konnte; und auf Grund der Länge und der Dicke der Kiele konnten sie unter sich berechnen, wie viele Decken oder Schalen aus Kakao sie wert waren oder welche Sklaven oder andere Dinge sie dafür eintauschen wollten."

Wolfgang Haberland:
„Die Azteken"

Auf diesem Markt dürfte es ähnlich lebhaft zugegangen sein wie auf vergleichbaren Märkten heutzutage. Trachten aus allen Regionen des Landes waren genauso zu sehen wie die prächtigen Aufmachungen der Adligen und Krieger. Es galten strenge Kleidervorschriften, denn Art und Aufwand der Bekleidung legten Zeugnis ab über die soziale Stellung des Trägers. Die zahlreichen Klassen und ihre Untergliederungen fanden so in Kleidung und Schmuck ihren sichtbaren Ausdruck.

Das hauptsächliche Kleidungsstück des Mannes, welches man zur Nachtruhe anbehielt, war der Lendenschurz, *maxtlatl*, den man um die Gürtellinie wand, zwischen den Beinen durchführte und vorne festband; dabei hingen hinten und vorne zwei oftmals

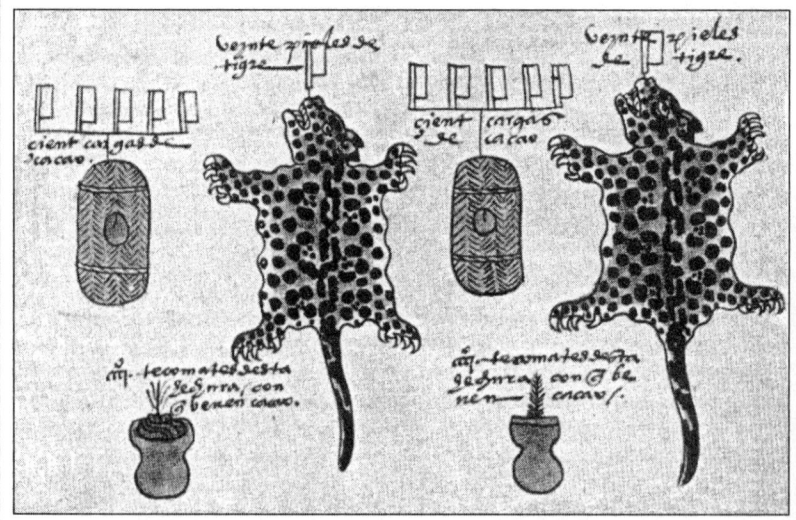

mit Quasten und Stickereien versehene Stoffenden herunter. Entweder in einfachster Ausführung als Stoffstücke ohne Verzierung oder in eleganteren Modellen findet man den Lendenschurz seit Urzeiten bei den Olmeken und den Maya. Im 16. Jahrhundert trugen ihn alle Kulturvölker Mexikos mit Ausnahme der Tarasken im Westen und der Huaxteken im Nordosten, was die Mexikaner der mittleren Hochebene nicht wenig empörte.

Der Mann aus dem Volke, der sein Land bestellte oder Lasten trug, besaß kein anderes Kleidungsstück. Doch hatte der Gebrauch des Mantels, *tilmatli*, sich allgemein eingebürgert: Bei den einfachen Leuten bestand er aus Agavenfasern, bei den höhergestellten aus Baumwolle, manchmal aus gesponnenen, mit Federn verstärkten Kaninchenhaaren. Dieser Mantel bestand einfach aus einem rechteckigen Stück Stoff, welches auf der rechten Schulter oder der rechten Brustseite geknotet wurde. Die Azteken kannten weder Knöpfe noch Haken oder Spangen. Beim Sitzen zog man den Mantel nach vorne, um Körper und Beine zu bedecken.

Eine indianische Menschenmenge in den Straßen von Mexiko dürfte ein ziemlich ähnliches Bild wie das Volk von Athen in seinen Mänteln abgegeben haben. Der Faltenwurf des indianischen Kleidungsstückes glich dem unserer Ahnen im klassischen Altertum. Während der Mantel des einfachen Bürgers bloß ein weißes unverziertes Stück Stoff war, wies er bei den Würdenträgern eine außerordentliche Vielfalt an Farben und Mustern auf. Die Kunst des Webens – denn die Frauen stellten diese üppigen Gewänder her – scheint vom Osten aus den Heißen Ländern herübergekommen zu sein, wo die Baumwolle wächst und wo die Gewebe das schillernde Gefieder der Tropenvögel nachzuahmen schienen. (...)

Der *Codex Magliabecchi* gibt zahlreiche „Modelle" von tilmatli wieder, auf denen eine zauberhafte Einbildungskraft, gepaart mit einem maßvoll-würdigen Stil, die entzückendsten Motive entworfen hat. Sonnen, stilisierte Muscheln, Geschmeide, Fische, geometrisch-abstrakte Formen, Kakteen, Federn, Tiger- und Schlangenhäute, Kaninchen und Falter sind die häufigsten Motive. (...)

Der priesterliche tilmatli war von schwarzem oder dunkelgrünem Grundton und oftmals mit Totenköpfen und Knochen bestickt.

Der Mantel des Herrschers – ihm allein stand das Recht zu, dies Gegenstück des römischen Purpurs zu tragen – hatte dem Türkis seine blaugrüne Farbe entlehnt. Man nannte ihn xiuhtilmatli, „den Türkismantel".

Die männliche Bekleidung bestand im wesentlichen aus maxtlatl und tilmatli, Lendenschurz und Mantel. Unter den außerordentlich zahlreichen Zeichnungen, die wir in den Handschriften finden – abgesehen von all den Einzelheiten, die wir beim Studium der Bildhauerwerke gewinnen –, wären als nachcortesische Funde die in der Nationalbibliothek von Paris aufbewahrten Handschriften anzuführen, die man der Feder Ixtlilxochitls zuschreibt. Die Zeichnungen stellen indianische Adlige dar, insbesondere den anziehenden jungen König von Texcoco, Nezaualpilli: Sein Lendenschurz und sein herrlicher

Mantel sind in geometrischen Motiven gewebt, in der linken Hand hält er einen Blumenstrauß, in der rechten einen Fächer oder Fliegenwedel aus Federn. Man kann die Anmut, die Würde und den Reichtum dieses im Grunde doch so schlichten Gewandes nicht genug bewundern.

Texte und Beschreibung der Bilder lassen erkennen, daß auch andere Kleidungsstücke sich ebensolcher Beliebtheit erfreuten. Zum Beispiel konnte der Lendenschurz durch eine Art dreieckiger Schambinde, die Hüften und Oberschenkel bedeckte, ergänzt werden. (...) Die Priester und Krieger trugen zuweilen unter dem Mantel oder an Stelle des Mantels eine kurzärmelige Tunika, den xicolli, vorne offen und mit Hilfe von Bändern zu knoten. Eine Abart des xicolli konnte vorne geschlossen und wie ein Hemd oder wie ein Frauenmieder (huipilli) über den Kopf gezogen werden. Je nachdem bedeckte diese Tunika wie eine Weste oder ein Wams nur den Oberkörper, konnte aber auch über den Lendenschurz bis zum Knie herunterreichen. Auf zwei Einzelheiten muß noch aufmerksam gemacht werden. Erstens trug, wer es sich leisten konnte, gerne zwei oder drei Mäntel übereinander; zweitens lag die Kriegskleidung des Mexikaners eng am Körper an, während sie für gewöhnlich reichen Faltenwurf aufwies. Die „Uniformen" der Tiger-Ritter waren ähnlich der Flieger- oder Mechanikerkleidung enganliegend; die Bluse endete in einer Haube, die den Kopf umschloß, während die Hosen eng bis zu den Knöcheln herabliefen. Die klassische Rüstung des aztekischen Kriegers, ichcahuipilli

oder „baumwollener Leibrock", war ein gefüttertes Wams, das die Pfeile abhielt. So kannten die Mexikaner also gleichzeitig die beiden großen Bekleidungsarten, zwischen denen die Völker der Erde im allgemeinen wählten: Faltenwurf und enganliegende Gewandung.

Die mexikanische Frau trug als wesentliches Bekleidungsstück – was für den Mann der maxtlatl war – den Rock oder cueitl. Dieser bestand aus einem einzigen Stück Stoff und wurde um den unteren Teil des Körpers geschlungen, mit einem gestickten Gürtel befestigt, und reichte bis zur Wade. Beim Volk und auf dem Land ließen die Frauen oftmals die Brüste frei, in der Stadt und bei „Bürger"- oder „Edelfrauen" findet man meist den *huipilli*, eine Art Miederhemd, das über den Rock herunterging und dessen Ausschnitt mit Stickereien verziert war. Die tägliche Bekleidung war schlicht weiß, an Fest- und Kulttagen trat große Farbenfreudigkeit zutage.

Alle Augenzeugen sind sich über Glanz und Aufwand der Mieder und Röcke, die von Edelfrauen und Teilnehmerinnen der rituellen Tänze getragen wurden, einig. Während der Feste des Monats Uey tecuilhuitl tanzten die Frauen (insbesondere die auianime) mit den Soldaten. „Alle waren festlich gekleidet und reich geschmückt, trugen schöne Röcke und Mieder. Die einen Röcke wiesen ein Herzmuster auf, die anderen ein mattenartiges Motiv, das einem Vogelbauch glich, andere wiederum zeigten dachartige Spiralen- oder Blattmuster. Manche waren auch aus glattem Gewebe, aber alle hatten Säume, Fransen oder sonstige Einfassungen.

Manchmal zierten die Mieder wehende zopfförmige Muster, andere wiederum zeigten Rauchmotive, schwarze Bänder, Fische, Häuser..., alle waren weit ausgeschnitten und hatten breit gestickte Säume." (...)

Die Mode von Tenochtitlan legte zweifellos großen Wert auf Einfachheit, im Gegensatz zur Buntscheckigkeit, in der sich die Provinzvölker gefielen. Dennoch dürfte ein Umzug von Frauen, der sich zu einem Tempel oder zu einem Fest begab, kaum einen weniger farbenprächtigen und abwechslungsreichen Anblick geboten haben. Denn wenn auch der Schnitt von Mieder und Rock der gleiche war, so vermochten die bunten Stoffe, die vielfältigen Muster, der Glanz der Geschmeide und Federn aus diesen indianischen Frauen mit ihren bronzefarbenen Gesichtern und Armen doch zarte, den herrlichsten Tropenvögeln vergleichbare Geschöpfe zu zaubern. Obschon gemildert durch eine gewisse Gebundenheit an traditionelle Strenge, ging dieser Hang zum Aufwand in der Bekleidung Hand in Hand mit dem technischen Fortschritt – und besonders mit der Entwicklung der Gewebeherstellung. Die nördlichen Wandervölker und sicherlich auch die Azteken trugen ursprünglich Tierfelle; die alten seßhaften Stämme der Hochebene verwendeten die Agavenfasern (ixtle) zum Weben.

Zu der Zeit, die uns beschäftigt, waren Lendenschurz und tilmatli des Plebejers noch aus diesem Gewebe hergestellt, das dem Geschmack des einfachen Mannes entsprach. Im übrigen vermochte man aus der Agavenfaser schon einen sehr feinen Faden zu spinnen und dünne Gewebe herzu-

stellen, wie sie manche Indianer noch heute tragen. Man verwendete für die Bekleidung auch die Rinde gewisser Pflanzen, aus der man auch Papier herstellte. Doch war die Baumwolle, die aus den Heißen Ländern des Ostens und Westens stammte, für die Azteken rasch der Gegenstand stärkster Anziehungskraft geworden und die Baumwollfaser ihr wesentlichster Webstoff; man sprach nur noch von der „unentbehrlichen Baumwolle", inichcatl intetechmonequi. (...)

So ist es größtenteils der Baumwolle zuzuschreiben, daß Kaufleute und Krieger der Hochebene nach dem reichen Tropenland auszogen, denn Handel und Abgaben brachten einen unversiegbaren Zustrom von Rohbaumwolle und Fertigfabrikaten nach Mexiko.

Mexikaner und Mexikanerinnen gingen oft barfuß, besonders die große Masse des Volkes. Sowie man aber in der gesellschaftlichen Rangordnung aufstieg, trug man cactli, Sandalen mit Faser- und Fellsohlen, die mit verschränkten Riemen am Fuß befestigt und mit einem Fersenleder versehen waren. Bei eleganteren Modellen umschlingt das Riemenwerk die Wade bis zum Knie: Daraus entstand der Beinharnisch (cozehuatl), das charakteristische Schuhwerk der Krieger. Die Sandalen von Montezuma trugen reiche Goldverzierungen. (...)

Waren Kleidung und Schuhwerk der alten Mexikaner verhältnismäßig einfach, so vermag nichts eine Vorstellung von der üppigen Vielfalt und dem barocken Reichtum ihres Geschmeides und Kopfschmuckes zu geben. Die Frauen trugen Ohrringe, Halsbänder, Armreifen und Knöchelreifen.

Die Männer liebten den gleichen Schmuck, durchbohrten sich aber außerdem die Scheidewand der Nase, um Edelstein- oder Metallschmuck einzusetzen. Auch durchlöcherten sie sich unterhalb der Oberlippe die Kinnhaut, um Lippenschmuck aus Kristall, Muscheln, Bernstein, Türkis oder Gold anzubringen, und befestigten auf Kopf oder Rücken riesige und prunkvolle Federgerüste. Dieser ganze Aufwand an Abzeichen und Schmuck unterlag einer strengen Aufsicht im Einklang mit der beamtlichen Rangordnung. Nur der Kaiser durfte den Nasenschmuck aus Türkis tragen. Mit großem Pomp wurde ihm nach seiner Wahl die Nasenscheidewand durchbohrt. Nur Krieger von einem bestimmten Rang aufwärts hatten das Recht, diesen oder jenen Schmuck anzulegen; Form und Machart waren genauestens festgelegt. (...) Todesstrafe stand auf unberechtigtes Anlegen dieser Ehrenzeichen. (...)

Unter der Aztekenherrschaft galt die Feder als einer der Hauptartikel, welchen die tropischen Städte an die Steuereinnehmer liefern mußten. Der gewaltige Federschmuck im Verein mit dem Gold- und Türkisgeschmeide hoben Krieger, Edelmann und Herrscher über das gewöhnliche Volk hinaus.

Der Mexikaner schlief auf seiner Matte fast nackt, er war höchstens mit seinem Ledenschurz bekleidet und in seinen Mantel gewickelt, wenn er keine Decken besaß. Bei Tagesanbruch brauchte er nur in seine Sandalen zu schlüpfen, seinen Mantel über der Schulter zu knüpfen, und schon war er arbeitsfertig. So sah es jedenfalls bei den „Plebejern" aus, denn die Würde eines Beamten erforderte umständliche Vorbereitungen. Jedermann stand früh auf: Die Gerichtshöfe öffneten beispielsweise schon in der Dämmerung ihre Tore, und die Richter begannen ihre Sitzungen beim ersten Tageslicht.

Wie dem auch sei, die Körperpflege scheint unter der gesamten Bevölkerung sehr verbreitet gewesen zu sein. Sicherlich verwendeten die Mitglieder der Oberschicht mehr Zeit und Aufmerksamkeit darauf als die einfachen Bürger: Montezuma „wusch sich zweimal am Tage", bemerkt nicht ohne Verwunderung der Eroberer Andrés de Tapia. Aber alle Welt „badete häufig und viele sogar täglich" in den Flüssen, Lagunen und Becken.

Diese Gewohnheit war den jungen Leuten durch die Erziehung eingeimpft worden; oftmals mußten sie nachts aufstehen und im kalten Wasser der Lagunen oder einer Quelle baden. Die Azteken stellen keine Seife her, aber als Ersatz dafür zwei pflanzliche Erzeugnisse: die Frucht des copalxocotl, von den Spaniern „Seifenbaum" genannt, und die Wurzel des Saponaria americana. Das eine wie das andere gibt einen Schaum, der nicht nur zur körperlichen Reinigung, sondern auch zum Waschen verwendet werden kann. Was a contrario das hohe Reinlichkeitsbedürfnis beweist, ist die Tatsache, daß man sich unter gewissen Umständen ausnahmsweise Zurückhaltung in der Körper- und Haarwäsche auferlegte. So taten beispielsweise die Kaufleute vor ihrem Auszug auf eine lange und fernreichende Kauffahrt das Gelübde, erst nach ihrer Rückkehr wieder zu baden, was für sie eine regelrechte

Entbehrung war. Während des Monats Atemoztli tat man Buße und griff nicht zur Seife.

Das Bad hatte nicht nur den Wert einer Reinlichkeitsmaßnahme, sondern galt in vielen Fällen auch als rituelle Waschung. Die Gefangenen, die während der Panquetzalitzli-Festwochen als Opfer für Uitzilopochtli bestimmt waren, mußten sich einem rituellen Bad unterziehen. „Die Ältesten der calpulli holten in Uitzilopochco Wasser in einer Höhle, in der eine Quelle mit Namen Uiztilatl entsprang", und die Opfer trugen den Namen tlaaltiltin, „die, welche gebadet worden sind". Auch das Bad, das die Priester in dem Wasser des Sees während des Etzalqualitzli-Monats nahmen, hatte allem Anschein nach einen zeremoniellen Anstrich.

Dasselbe galt in beschränktem Maße von dem typisch mexikanischen Dampfbad, dem temazcalli. Dieser in den nauatl-Dörfern noch heute übliche Brauch war zu vorspanischer Zeit so verbreitet, daß die Mehrzahl der Häuser einen kleinen halbrunden Anbau aus Stein und Zement besaßen, der für Dampfbäder eingerichtet war.

Zwischen Herd und temazcalli befand sich eine poröse Steinwand, die man mit einem Holzfeuer zur Weißglut brachte. Wollte der Indianer also baden, so schlüpfte er durch eine niedere Seitentür in den temazcalli und schüttete Wasser gegen die überheizte Wand. Im Nu war er von Dampf eingehüllt und schlug sich kräftig mit Reisern. Oftmals begleitete ihn eine zweite Person, besonders wenn es sich um einen Kranken handelte, und massierte ihn, worauf sich

Federn für den Federschmuck der Adligen gehörten mit zu den als Tribut geforderten Gegenständen.

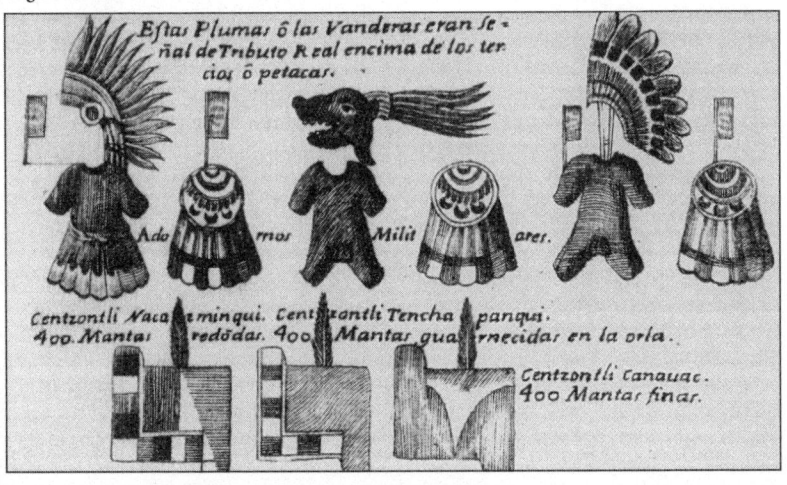

der Badende auf eine Matte niederließ, um die Heilwirkung des Bades voll auszukosten. Von diesem Bad erwartete man anscheinend einen doppelten Erfolg; einerseits wurde es als Säuberungs- und Heilverfahren, andererseits als Läuterung angesehen. Die Wöchnerinnen gebrauchten das Dampfbad, bevor sie ihre normale Tätigkeit wieder aufnahmen, ein Brauch, der sich bis zum heutigen Tage erhalten hat. (…)

Die Natur hat den Indianern einen spärlichen Bartwuchs verliehen und ihnen so die Probleme und Unannehmlichkeiten der Griechen und Römer sowie der heutigen Europäer erspart. Sie rasierten sich nicht. Im Alter schmückte schließlich ein spärlicher Bart das Kinn der Greise, wie wir ihn aus den Bildhauerwerken und der Malerei des Fernen Ostens bei den chinesischen Weisen kennen und der auch dort ein Zeichen der Weisheit war. Das Haar wurde im allgemeinen auf der Stirn kurz geschnitten und um den Kopf herum lang getragen, aber gewisse Berufe und Ämter hatten ihren eigenen Haarschnitt. Die Priester rasierten Stirn und Schläfen, ließen aber das Haar auf dem Haupt wachsen, während die jungen Krieger im Nacken einen langen Schopf trugen, der nach Vollbringung ihrer ersten Waffentat abgeschnitten wurde.

Die Schönheitspflege der Frau bediente sich in Mexiko eines ähnlichen Arsenals von Hilfsmitteln, wie wir sie aus unserer Alten Welt kennen: feinpolierte Spiegel aus Obsidian und Schwefelkies, Salben, Pasten und Duftwässer standen ihr zu Gebote. Die Haut der Frau hatte einen natürlichen Bronzeton, dem sie eine hellgelbe

Tönung zu geben suchte. So sehen wir sie im Gegensatz zu den Männern oftmals in den Bilderhandschriften dargestellt: Diese helle Haut erreichte sie durch den Gebrauch einer Salbe, die axin hieß, oder einer gelben Erde, tecozauitl; die letztere war so beliebt, daß einige Provinzen sie als Abgabe zu liefern hatten. Die Sitte, sich die Zähne schwarz oder dunkelrot zu färben, war bei den Huaxteken und bei den Otomi so stark verbreitet, daß manche mexikanische Dame diese Mode mitmachte.

Was die Haarmode zur Zeit der Eroberung anbetraf, so wurde die Haarflut von hinten über den Kopf bis zur Stirn in hornförmige kleine „Schalen" zusammengerollt, wie es namentlich der Codex Azcatitlan zeigt.

Der weibliche Geschmackssinn richtete sich in Mexiko gegen die barbarische Gewohnheit übermäßiger Bemalung, die bei den Nachbarvölkern vorherrschte. Die Frauen des Otomi-Stammes begnügten sich nämlich nicht damit, ihre Gesichter zu bemalen und ihre Zähne zu färben, sondern bedeckten Brust und Arme mit Tätowierungen „in sehr feinem Blau, das mit Hilfe von kleinen Messerschnitten in die Haut eingeritzt wurde". In Tenochtitlan galt unter den Frauen der Oberschicht bloße Körperpflege als höchster Ausdruck weiblicher Reize.

Am Morgen mochte ein Vater zu seiner Tochter sagen: „Wasch dir Gesicht und Hände und spüle den Mund. (…) Hör zu, meine Tochter, laß es dir nie in den Sinn kommen, dich zu schminken, Farbe aufzutragen oder dir die Lippen zu bemalen, um schöner zu erscheinen: Farbe und

Schminke sind Dinge für leichtfertige und schamlose Frauen. Wenn du willst, daß dein Gatte dich liebt, so kleide dich anständig und halte dich und deine Kleider sauber."

Die auianime, die Kurtisanen der jungen Krieger, waren es, die von solchen Schönheitsmitteln Gebrauch machten. „Die Kurtisane pflegt und kleidet sich mit solcher Sorgfalt, daß sie einer Blume gleicht, wenn sie ihre Körperpflege und ihren Anzug beendet hat. Zuerst betrachtet sie sich in einem Spiegel, dann badet sie, wäscht und erfrischt sich, um zu gefallen. Sie bemalt sich das Gesicht mit einer gelben Salbe, die axin heißt und ihr eine glänzende Hautfarbe verleiht; mitunter schminkt sie sich auch, da sie eine leichtfertige und lose Frau ist. Auch frönt sie der Gewohnheit, sich die Zähne mit Cochenille (rot) zu färben und das Haar offen zu tragen, weil es so kleidsamer ist. (...) Sie parfümiert sich mit einem Duftzerstäuber, geht tzictli-kauend spazieren und klappert dabei mit den Zähnen, als seien es Castagnetten."

Den gärtnerischen Fertigkeiten der Indianer verdanken wir manche Bereicherung unseres Speisezettels. Was wäre die italienische Küche ohne Tomaten, die deutsche ohne Kartoffeln. Ohne sie hätten wir keine Kenntnis von Kakao, Chili, Vanille, Tabak und Mais. Dieses Vermächtnis der Indianer stellte langfristig die wohl kostbarste Beute der Conquistadores dar. Allein die Einführung der Kartoffel rettete ganze Landstriche der Alten Welt vor dem Hungertod. Doch trotz des reichhaltigen Angebots auf den Märkten der Neuen Welt war der Mexikaner von einst außerordentlich genügsam.

Der Mexikaner von einst war außerordentlich anspruchslos, so wie er es heute noch ist. Er begnügte sich die meiste Zeit mit wenig reichlicher und wenig abwechslungsreicher Kost, die in der Hauptsache aus Mais in Form von Maiskuchen, Maisbrühe oder tamales (Maiskrapfen), sodann Bohnen und huauhtli-Samen (Tausendschön) und chian (Salbei) bestand. Indessen muß zugegeben werden, daß die Ernährungsweise des Plebejers zur Zeit vor Kolumbus trotz allem abwechslungsreicher war als die seines heutigen Bruders, denn sie enthielt mancherlei Anbaugemüse wie den huauhtli, wie auch wilde Pflanzen, Insekten und froschartige Reptilien, deren Verwendung heute weniger verbreitet oder sogar nahezu abgekommen ist. Die höheren Klassen hingegen konnten sich eine feinere Küche leisten.

Wenn man sich in der Morgendämmerung von seiner Matte erhob, gab es keine zubereitete Mahlzeit, noch war sie vorgesehen; unser „Frühstück" war nicht bekannt. Erst nach einigen Arbeitsstunden nahm man gegen zehn Uhr die erste Mahlzeit, meist eine Schale atolli, die mehr oder minder flüssige Maisbrühe, entweder gesüßt mit Honig oder gewürzt mit Pfefferschoten, zu sich. Die Reichen und Würdenträger mochten Kakao, den von den Heißen Ländern eingeführten Luxusartikel, trinken. Meist war er mit Honig, der mit Vanille angerührt war, gesüßt oder auch mit grünem Mais, dem octli (gegorenem Agavensaft) oder mit Pfefferschoten vermischt.

Die Hauptmahlzeit war für alle das Mittagessen in den Stunden der

größten Mittagshitze; wenn möglich, legte man hinterher eine kurze Ruhepause ein. Bei dem Mann aus dem Volk war das Ganze natürlich rasch abgetan: Maiskuchen, Bohnen, Piment- oder Tomatentunke, mitunter einige tamales, seltener Fleisch, wie Federwild, Wildbret oder Geflügel (den Truthahn). Als Getränk nur Wasser. Die Familie hockte sich auf Matten am Herd nieder und verzehrte rasch ihr karges Mahl. Nicht selten hielt den Mann auswärtige Arbeit fern; so zog er aus einem kleinen Sack sein itacatl, das ihm seine Frau des Morgens mitgegeben hatte.

Bei den Großen war das Mittagsmahl reichhaltig und ausgedehnt.

Für Montezuma richtete man täglich mehr als dreihundert Gerichte und für das Palastpersonal ungefähr tausend Essen an. Der Kaiser wählte vor der Mahlzeit unter den Tagesplatten aus, was ihm zusagte. Stets gab es Truthähne, Fasanen, Rebhühner, Krähen, Haus- und Wildenten, Hirsche, Wildschweine, Tauben, Hasen und Kaninchen. Dann nahm er allein auf einem icpalli Platz; vor ihm stellte man einen weißgedeckten niedrigen Tisch mit weißen Mundtüchern auf.

„Vier schöne gepflegte Frauen gossen aus tiefen Fingerschalen, die xicales (Flaschenkürbisse) hießen, Wasser über seine Hände, unter sie hielt man Behälter in Form von Tellern, um das Wasser aufzufangen, und reichte ihm Handtücher, dann brachten zwei andere Frauen Maiskuchen." Von Zeit zu Zeit mochte es dem Herrscher gefallen, einen der Würdenträger seines Gefolges dadurch auszuzeichnen, daß er ihm eines der Gerichte, das ihm gemundet hatte, reichen ließ. Hatte er die erste Hauptmahlzeit beendet, so bot man ihm Früchte „aller Art und aus allen Gegenden des Landes an, doch aß er davon nur wenig und sehr selten". Daraufhin trank er Kakao und wusch sich die Hände wie zu Beginn des Mahles. (...)

Unter den Speisen, die der Führerschicht besonders zusagten, mögen die fleischgefüllten tamales, die

Schnecken oder Früchte – diese letzteren wurden zusammen mit Hühnerbrühe gereicht – genannt werden. Frösche in Pimenttunke; Weißfisch (iztac michi) mit Piment und Tomaten; Axolotl, eine in Mexiko heimische Art des Wassermolches, der als besonders ausgefallenes und feines Gericht galt, gewürzt mit gelbem Piment; Fisch mit einer Tunke aus gemahlenen Kürbiskernen; andere Fischsorten mit einer Art Sauerkirschen; Flügelameisen; Agavenwürmer (meocuilin); Maisbrühe und huauhtli, salzig oder süß mit Piment oder Honig, grüne Bohnen (exotl) und Knollenpflanzen der verschiedensten Art wie camotli, die Süßkartoffel.

Die alten Mexikaner hatten weder Fett noch Öl, ihre Küche kannte keine gebratenen Gerichte. Alles war entweder geröstet oder meist gekocht, dazu stark gewürzt und gepfeffert. Da sie auch kein Vieh hatten, bestand ihre fleischliche Kost ausschließlich aus Wildbret und zwei Haustierarten: dem Truthahn und dem Hund.

Das mittlere Mexiko war zu jener Zeit sehr reich an Wild; an Kaninchen, Hasen, Hirschen, Wildschweinen (Bisamschweine), Vögeln wie Fasanen, Krähen, Tauben und insbesondere die ungezählten Arten der Wasservögel, welche die Lagunen bevölkerten. Von Anfang an hatte dieser Seen- und Sumpfreichtum die Azteken für ihre sonstige Armut entschädigt: Noch im 16. Jahrhundert ernährten sie sich zu einem großen Teil von diesen Vögeln, die zu bestimmten Jahreszeiten massenhaft die Gewässer heimsuchten und im Rohr und Binsengestrüpp nisteten. Andererseits waren die Mexikaner von Haus aus – und diese Gewohnheit haben sie wohl aus ihrer Gründerzeit beibehalten, als sie sich mit Mühe und Not im Sumpfland behaupteten – Liebhaber von allem Getier, das im Wasser haust, so zum Beispiel: von Fröschen (axolotl), Kaulquappen (atepocatl), Süßwasserkrabben (acociltin), kleinen Wasserflöhen (amoyotl), Wasserlarven (aneneztli), Weißwürmern (ocuiliztac) und sogar von Eiern, die eine Wassermücke (axayacatl) in riesigen Mengen auf den Wasserspiegel legte und die man als eine Art Kaviar (ahuauhtli) aß. Die arme Bevölkerung und die Bauern des Seeufers schöpften sogar von der Wasseroberfläche eine schwimmende Schlammschicht ab, die tecuitlatl („Steinauswurf") hieß, unserem Käse glich und sich zu einer Art Brot pressen ließ; auch verzehrten sie die schwammigen Larvennester der Wasserfliegen.

Das war natürlich eine armselige Nahrung, bildete aber für die ärmste Schicht eines kleinen und unbedeutenden Volksstammes zu Anfang sicherlich eine Zusatzkost. Im übrigen verachteten die Reichen und Angesehenen auch nicht Frösche und bestimmte Reptilien wie die Eidechse (quauhcuetzpalin) oder gewisse Ameisen und die heute in Mexiko noch als Leckerbissen betrachteten Agavenwürmer. Außerdem hatte man, seitdem das Land zwei Meeresküsten umspannte, Seefische, Schildkröten, Krabben und Austern zu essen gelernt.

Der Truthahn (totolin; das Männchen hieß uexolotl, daher das heutige Wort „guajolote") stammt aus Mexiko, wo er seit Urzeiten als Haustier bekannt ist. Die Spanier haben ihn öfters „Landhuhn" genannt. Dies war das ideale Geflügel für den Hühnerhof, und jede Familie besaß in ihrem Garten neben dem Haus eine ganze Anzahl dieser Vögel. Die einfachen Leute aßen ihn nur an besonderen Feiertagen.

Beim Haushund handelt es sich um eine besondere Abart ohne Fell, die man mästete. Sein Fleisch war vermutlich weniger beliebt als das des Puters, denn Sahagún erzählt, daß man die „Platten unten mit Hundefleisch ausfüllte und darauf das Fleisch der Truthähne legte, damit es nach mehr aussähe (para hacer bulto)". Auf jeden Fall zog man das Tier in großen Mengen, und der Chronist Muñoz Camargo berichtet, er selbst habe nach der Eroberung einige besessen. Im übrigen hat die Zucht nach der Einführung von europäischem Vieh nachgelassen, auch darum, weil das Schlachten von Hunden mit gewissen heidnischen Kultbräuchen verknüpft war, welche die spanischen Behörden unterbinden wollten.

Wie jede andere Großstadt hatte auch Tenochtitlan mit einer Reihe von Problemen zu kämpfen. Was die Reinigung der Stadt und die sanitären Einrichtungen angeht, gab es im Europa der damaligen Zeit nichts Vergleichbares. In jeder Straße waren Männer beauftragt, sie zu fegen und zu besprenkeln und nachts in gewissen Zeitabständen die großen Feuerpfannen zu versorgen. An vielen Stellen gab es öffentliche Latrinen, deren Inhalt dem Fußgänger durch Schilfwände verborgen war. Menschliche Fäkalien wurden in Lastkähnen gesammelt und aus der Stadt geschafft. Die Azteken verwendeten sie als Dünger und verstanden es, damit den Boden ihrer chinampas fruchtbarer zu machen.

Der Küchenabfall wurde am Stadtrand auf Sümpfen oder „Neuland" abgeladen oder auf den Innenhöfen vergraben. Die Straßenreinigung dürfte wohl der Ortsverwaltung jedes einzelnen Viertels unterstellt gewesen sein, und zwar unter der Oberaufsicht des Uey Calpixqui, eines kaiserlichen Beamten, der ihnen wie ein Bürgermeister Richtlinien erteilte.

Die tägliche Straßenreinigung erforderte einen Einsatz von tausend Menschen; sie wurde mit solcher Sorgfalt durchgeführt, daß man nach dem Bericht von Augenzeugen durch die Straßen gehen konnte, ohne auch nur die geringste Beschmutzung zu befürchten. Sicher ist, daß die Stadt zu Anfang des 16. Jahrhunderts dank des Wasserüberflusses, des Sauberkeitsanspruches ihrer Bewohner und ihrer Höhenlage recht gesund gewesen sein muß. Der Codex Telleriano-Remensis, der sorgfältig jedes ungewöhnliche Ereignis und Mißgeschick, wie Regenfälle, Erdbeben, Kometensturz, Sonnenfinsternis und dergleichen, erwähnt, berichtet von keinerlei Epidemie. Das gleiche trifft auf den Codex von 1576 und den Codex Azcatitlan zu.

Die besondere Lage der Stadt brachte noch einige anderer Probleme mit sich.

Aber gerade das Wasser bereitete den Mexikanern die größten Sorgen. Das mexikanische Hochtal war von Natur aus so beschaffen, daß es gleichzeitig zwei entgegengesetzte Nachteile mit sich brachte: Heute wie damals gibt es stets zu viel oder zu wenig Wasser, man wird entweder von Überschwemmungen oder von Trockenheit heimgesucht. Während der Regenzeit verwandeln Unwetter von ungeahnter Heftigkeit jenes gewaltige Landbecken im Nu in eine riesige Wasserlache, die nur sehr langsam abfließt. Während der Trockenzeit gestaltet sich die Trinkwasserversorgung einer großen Stadt sowie die Wasserzufuhr für die Pflege der Gartenanlagen äußerst schwierig. Der Teil des Sees, an dem Mexiko lag, war ohnehin von geringer Tiefe; die Verdunstung saugte die dünne Wasserfläche allmählich ganz auf. Doch dürfte das Klima des Tales zu jener Zeit feuchter und im großen ganzen besser gewesen sein als heute und heftigen Klimaunterschieden weniger ausgesetzt. Daß die Lagune verschwunden ist, hat zur Besserung des Klimas keineswegs beigetragen: Der Kampf gegen die Überschwemmungsgefahr ist also sehr teuer zu stehen gekommen.

Zu Beginn dürften die Mexikaner kaum Schwierigkeiten gehabt haben, sich mit Süßwasser zu versorgen: Die Quellen, die aus dem Boden der mittleren Insel hervorsprudelten, reichten dazu sicherlich vollkommen aus. (...) Das Seewasser war durch seinen starken Salzgehalt zum Trinken ungeeignet. Als die unglücklichen Verteidiger der Stadt sich darauf angewiesen sahen, verschlimmerte dies untaugliche Naß nur noch ihre Leiden.

Als die Bevölkerung wuchs, reichten auch die Quellen nicht mehr aus. So blieb nur noch der Ausweg, der Stadt Trinkwasser von den Quellen des Festlandes zuzuführen. Die Quelle von Chapultepec im Westen von Tenochtitlan war den Azteken wohlbekannt: Sie rief in ihnen düstere Erinnerungen wach, denn dort war es geschehen,

daß ihr noch umherstreifender Stamm zu Beginn des 14. Jahrhunderts die schlimmste Niederlage seiner Geschichte erleiden und zusehen mußte, wie sein Anführer Uitziliuitl der Ältere mit seinen beiden Töchtern Gefangenschaft und Tod in der Sklaverei zu Colhuacán erduldete. Jedenfalls war Chapultepec („der Heuschreckenhügel") unter Montezuma I. an die Hauptstadt angegliedert worden; die Bäume seines Gehölzes und seine Felsformationen, an deren Fuße eine Quelle reichlich Wasser spendete, waren berühmt.

Es ist möglich, daß man sich eine Zeitlang damit begnügte, irdene Wasserbehälter, die man auf dem Wasserwege hinbrachte, an der Quelle zu füllen, doch dürfte sich eine derartige Versorgung bald als ungenügend erwiesen haben. Daher die Idee des Aquäduktes, der unter Montezuma I. gebaut wurde und in einer Entfernung von fünf Kilometern in die Stadtmitte innerhalb der Schutzmauer des großen teocalli einmündete. Er war aus Stein und Zement und – darüber sind sich alle Berichte einig – umfaßte zwei Rohre, beide in Mannsdicke. Man benutzte nie beide Rohre gleichzeitig; eines war stets in Reinigung.

In Anbetracht der Stadtanlage mußte der Aquädukt natürlich mehrere Kanäle überqueren. Cortés, der von der Genialität der Konstruktion besonders beeindruckt gewesen zu sein scheint, beschreibt die Hohlbrücken, die „dick wie Stiere" die Wasserstraßen überquerten. Auf diesen Kanalbrücken hockten Spezialarbeiter, die gegen Bezahlung die Eimer, die ihnen die Schiffer von unten heraufreichten, mit Trinkwasser füllten. Diese verkauften dann das Wasser in der Stadt. Dazu gab es öffentliche Brunnen oder zum mindesten einen Hauptbrunnen in der Stadtmitte. Dort füllten die Frauen ihre Krüge.

Als der Druck der Bevölkerungszunahme wuchs, wurde die Wasserleitung von Chapultepec ihrerseits unzureichend. Der Bau des zweiten Aquäduktes, welcher unter Auitzotl unternommen und zu Ende geführt wurde, zeigt gleichzeitig die Ausdehnung der Stadt und die kluge Tatkraft ihrer Oberhäupter. Die Wasserleitung brachte das Wasser von Coyoacán längs der Straße von Iztapalapan heran.

Der Verwirklichung dieses Bauplanes war ein mißglückter Versuch vorausgegangen, der zeigt, wie empfindlich das natürliche Gleichgewicht von See und Inseln blieb. Tatsächlich hatte der Vorfall die Gemüter derartig beeindruckt, daß der Bericht, der auf uns gekommen ist, von einer Menge magischer Einzelheiten ausgeschmückt scheint. Auitzotl hatte nämlich die Absicht gehabt, eine Quelle namens Acuecuexatl zu fassen, die zwischen Uitzilopochco und Coyoacán auf dem Gebiete letzterer Stadt hervorsprudelte.

Nach Tezozomocs Aussage schickte er Gesandte zu dem Herrn von Coyoacán, einem berühmten Magier, der sich unter ihren erschrockenen Augen wie Prometheus in einen Adler, einen Tiger, eine Schlange und zum Schluß in ein Flammenbündel verwandelte. Immerhin gelang es den mexikanischen Sendboten, ihm einen Strick über den Kopf zu werfen und ihn zu erdrosseln. Die Arbeiten wurden alsbald in Angriff genommen, und nicht lange darauf war der Aquä-

dukt fähig, Quellwasser bis in die Stadmitte zu liefern.

Mit großen Feierlichkeiten beging man die Beendigung des Werkes: Einer der Hohepriester kniete nieder und trank von dem Quellwasser, während seine Meßgehilfen ihre Instrumente erklingen ließen und die „Sänger von Tlaloc" zu Ehren der Wassergötter ihre von hölzernen Pauken skandierten Gesänge anstimmten. „Willkommen sei dein Wasser in Mexiko-Tenochtitlan, das inmitten von See und Schilf liegt!" sangen sie. Dann wurden Menschenopfer dargebracht; schließlich begrüßte der goldgekrönte Kaiser persönlich die Ankunft des Wassers in Tenochtitlan und opferte ihm Vögel, Blumen und Weihrauch. „O Chalchiuhtlicue (,die, welche einen Rock aus Grünstein trägt', die Göttin des Wassers)", rief er aus, „sei willkommen im Hause von Uitzilopochtli!"

Aber Acuecuexatl kochte, und das Wasser sprudelte mit wachsender Heftigkeit ungestüm hervor. Der Aquädukt lief über, und nach Ablauf von vierzehn Tagen begann die Lage ernst zu werden: die Höhe des Sees stieg fortwährend; zuerst meldeten die Fischer das Steigen; bald setzte die Überschwemmung ein, drang in die Häuser, brachte sie zum Einsturz und bedrohte sogar Auitzotl, der sich in den großen Tempel flüchtete. Es dauerte nicht lange, und die Maisfelder an der Küste und auf den Inseln waren verwüstet; Furcht vor Hungersnot gewann Raum. Zahlreiche Personen ertranken, langsam entvölkerte sich die Stadt.

Nicht nur Tezozomoc, der als mexikanischer Chronist stets darauf brennt, sein Volk und seine vergangenen Herrscher herauszustreichen, sondern auch Ixtlilxochitl, dessen Fassung für Texcoco sichtlich Stellung nimmt, berichtet, daß Auitzotl, der das Geraune der Mexikaner bemerkte und einen Aufstand befürchtete, sich in dieser Notlage an seinen Verbündeten Nezaualpilli, den König von Texcoco, um Hilfe wandte. „Du hättest das Unglück verhüten können", hält ihm dieser mit einiger Berechtigung entgegen, „wenn du den Rat des Herrn von Coyoacán befolgt hättest, anstatt ihn verächtlich zu behandeln."

Worauf er die Leitung der magisch-technischen Eingriffe selbst übernahm: Mehrere Würdenträger wurden nämlich geopfert und ihre Herzen zusammen mit Edelsteinen, Gold und bestickten Stoffen in die Quelle geworfen. Dann stürzten sich fünfzehn Taucher in die Flut und erreichten mit großer Mühe, die Spalten, aus denen das Wasser mit solcher Gewalt hervorbrach, zu verstopfen.

Daraufhin errichtete man eine Art Schleusenkammer aus Zement, um auf diese Weise die gefährliche Quelle endgültig zu versiegeln. Die Überschwemmung war Herrscher und Stadt teuer zu stehen gekommen: Ungezählte Häuser, darunter auch Auitzotls Palast, mußten wieder aufgebaut werden; zehn Lasten quachtli – ein kleines Vermögen – waren an jeden Taucher zu zahlen; zweiunddreißigtausend Boote mußten den Bewohnern zur Verfügung gestellt werden, um von ihrer Habe soviel wie möglich zu retten und fortzuschaffen, bis das Wasser wieder gesunken war; zweihunderttausend Lasten Mais wurden zur Verteilung unter die hungrige Bevölke-

rung benötigt und endlich bedeutende Lieferungen von Kleidung für die Geschädigten. Ixtlilxochitl behauptet sogar, die Überschwemmung sei die Todesursache des Kaisers gewesen, denn „da er sich gerade in einem Raum des Erdgeschosses befand, der auf die Gärten ging, war er zur Flucht vor dem rasend eindringenden Wasser gezwungen und stieß beim Laufen mit solcher Wucht gegen eine Türfassung, daß er den Folgen der Verletzung erlag".

Diese Überschwemmung ist zweifellos die berühmteste des vorspanischen Altertums, blieb aber keineswegs die einzige. Jede Regenzeit brachte der Stadt neue Gefahren. Wenn die Flüsse, die in den See von Texcoco münden, insbesondere der Fluß Acolman, Hochwasser hatten, flossen ihre nördlichen und östlichen Gewässer dem Teil der Lagunen zu, in dem Mexico lag. Um dieser Gefahr vorzubeugen, ließ Montezuma I. auf Anraten und nach den Angaben des Königs von Texcoco, Nezaualcoyotl, im Jahre 1449 einen sechzehn Kilometer langen Deich bauen, der in Nord-Süd-Richtung Atzacoalco und Iztapalapan verband und Tenochtitlan gegen den Durchbruch des großen Sees schützte. Deutliche Spuren dieses Deiches sind noch sichtbar.

Jacques Soustelle:
„Das Leben der Azteken"

Staat und Gesellschaft

Das Imperium der Mexica war ein hochentwickeltes Gemeinwesen. Es setzte sich aus klar getrennten sozialen Schichten zusammen, die jeweils ihre spezifischen Rechte, aber auch Pflichten hatten. Ein ausgeklügeltes Steuer- und Rechtssystem bildete die stabilisierende Grundlage einer lebendigen, nicht im Kastenwesen erstarrten Gesellschaft.

Die Kenner der aztekischen Verhältnisse sind sich darüber uneinig, in welchem Maß die aztekische Gesellschaft eine Klassengesellschaft war. Auch die Möglichkeiten des Aufstiegs aus dem Stand der macehualtin („Gemeinfreien") in den des Adels werden sehr unterschiedlich beurteilt. Einer der besten Kenner dieser Fragen, P. Carrasco, gibt folgende Einteilung der sozialen Klassen:

Adel

tlatoque (Sing.: tlatoani, d. h. „Sprecher". Herrscher eines Stadtstaates, eines Reiches. Herrscher der Azteken. Vorsteher, Oberhaupt, „Herr", Anführer, „Häuptling")

teteuctin (Sing.: teuctli, tecuhtli, d. h. „Oberhaupt", „Häuptling", Anführer, „Herr", Inhaber eines hohen Amtes)

pipiltin (Sing.: pilli, d. h. „Sohn". Kinder der tlatoque und der teteuctin, d. h. Angehörige des Erbadels)

calpuleque (vgl. unten, Abschnitt über die calpulli-Körperschaften)

quauhpipiltin (Sing.: quauhpilli, d. h. „Adlersohn"; Angehöriger des Verdienstadels. Dies waren Männer aus dem Volke, die sich im Krieg durch Tapferkeit ausgezeichnet hatten.)

Gemeinfreie Angehörige des Volkes

macehualtin (Sing.: macehualli, d. h. „Untertan", „Gemeiner") Carrasco rechnet die Kaufleute (pochteca) und die Kunsthandwerker (tolteca) dieser Kategorie zu.

Pächter

mayeque (Sing.: nomayecauh, d. h. „meine rechte Hand")

tlalmaitl („Erdhand", d. h. Landarbeiter, Pfleger des Landes. Diese Pächter scheinen z. T. an die Scholle gebunden gewesen zu sein.)

Unfreie, Sklaven

tlacotin (Sing.: tlacotli, d. h. vielleicht „Verpfändeter". Personen, die sich verkauft hatten [oder verkauft worden waren: Kinder], Personen, die Schulden gemacht, Diebstähle begangen hatten, u. a.) (...)

Die wichtigste Unterscheidung innerhalb der aztekischen Gesellschaft war demnach die zwischen Adligen und „Gemeinen". Sie beruhte auf dem Prinzip der Erblichkeit, wenngleich es Personengruppen gab, die durch ihre Verdienste (Kriegstaten, Tätigkeit als [Tarn-] Kaufleute) oder durch ihren Reichtum (Kaufleute, Kunsthandwerker) Auszeichnungen erwarben und Sonderrechte genossen (z. B. Zuteilung von Land, Recht auf Opferung von Sklaven, usw.). Essen, Getränke, ja sogar das verwendete Geschirr waren an bestimmte Stände gebunden. So durften nur die Adligen zweistöckige Häuser bewohnen; nur sie und die Kaufleute tranken das kostbare Schokoladengetränk. Die wirtschaftliche und politische Grundlage der „Herren" (tlatoque, pipiltin) bildeten die Verfügungsgewalt über das Land und dessen Bewirtschafter (mayeque, tlatmaitl) sowie über Tributleistungen (tequitl), die in Form von Sachtribut oder Dienstleistungen entrichtet werden konnten. Tribut zahlten alle macehualtin an ihre Herren. Die macehualtin, d. h. die „Gemeinfreien", waren in calpultin organisiert.

Gerhard Baer:
„Die Städte Tenochtitlan und Tlatelolco"

[Eine solche soziale Einheit, der calpulli, bewohnte einen eigenen Stadtteil.] Ursprünglich könnte es eine Großsippe, ein Geschlecht oder Clan gewesen sein, doch im Laufe der Zeit hatte sich dieses verwischt. Die Zugehörigkeit zum calpulli erbte man von seinen Eltern, die gewöhnlich beide aus dem gleichen calpulli stammten, da man Ehen innerhalb dieser zwischen 1500 und 2500 Mitgliedern umfassenden Gruppe bevorzugte. 1519 waren die calpulli zu Wohngemeinschaften geworden, die einen gemeinsamen Landbesitz hatten. Theoretisch sollte dieser in Zeitabständen immer neu, je nach Familiengröße, verteilt werden; praktisch jedoch erbte, zumindest in der Stadt, ein Sohn oder anderer naher Verwandter das Nutzungsrecht, zumal sich das Land (...) in Form von chinampas hinter dem Wohngehöft der Familie befand.

Bei Vernachlässigung des Landes oder langer Abwesenheit – ausgenommen war der Kriegsdienst – wurde dem calpulli-Mitglied das Recht auf die Landnutzung entzogen. Geleitet wurden diese Einheiten, welche die sozialen Basisgruppen für Tenochtitlán und damit für die „aztekische" Gesellschaft bildeten, von einem gewählten und vom Herrscher bestätigten Anführer. Dieser sorgte auch für den Schulbesuch, die Reinigung der öffentlichen Gebäude, den Arbeitsdienst für Herrscher und Tempel, und er war anscheinend auch der Anführer der calpulli-Einheit im Kriege.

Wenige calpulli der Hauptstadt waren jedoch reine „Ackerbürger"-Gemeinschaften, höchstens jene am Rande der Stadt. Dagegen wurden viele von Handwerkergruppen bewohnt, und man schätzt, daß kein Einwohner von Tenochtitlán selbst Bauer gewesen ist und Nahrungsmittelüberschüsse produziert hat. Diese sind ausschließlich von den entfernteren, eher bäuerlichen Gemeinden hergestellt worden, vor allem von den Bewohnern der Orte am Rande der südlichen Seen, die praktisch mit chinampas bedeckt waren. (…)

Die Masse der Bürger in Tenochtitlán war handwerklich tätig (auch bei Eigenversorgung durch die „Hauschinampas"), denn der Bedarf der Bevölkerung an Gebrauchsgütern war groß. Zudem hatte sich das Bild im Laufe der Zeiten geändert. Früher hatten die Familien ihr Arbeitsgerät und Dinge des täglichen Bedarfs selbst hergestellt. Die Frauen hatten gewebt, geflochten und getöpfert, die Männer Geräte aus Holz, Knochen und Stein hergestellt, kurz, entsprechend der alten, weit verbreiteten Arbeitsteilung, bei der jeder Objekte, die in der Familie benötigt wurden, herstellte.

Das änderte sich jetzt grundsätzlich: Viele, wenn nicht alle Güter wurden von „Spezialisten" angefertigt. Das lag nicht so sehr an der Größe der Stadt, obwohl dieses auch eine Rolle gespielt haben mag, sondern vielmehr an der Tatsache, daß die Rohstoffe auf den Inseln nicht oder nur in geringen Mengen vorhanden waren und auch nicht individuell beschafft werden konnten. Man mußte sie vom Festland, manchmal aus weit entfernten Gegenden holen. (…)

Töpfer stellten jetzt auch einfache, kaum oder gar nicht verzierte Gefäße her, die man alle Tage benutzte. (…) Andere Gefäße wie Teller, Schalen, Becher usw. in Dunkelbraun oder Rot waren glänzend poliert, letztere gelegentlich auch mit schwarzen oder weißen Mustern bemalt. (…)

Spezialisten stellten in Formen Götterfiguren, gelegentlich auch Tempelmodelle und andere Objekte her, die entweder flach, dabei jedoch viel plastischer als jene der Tolteken waren oder die rund und hohl waren, oft mit Rasselkugeln im Inneren.

Andere Spezialisten, wohl Frauen, webten auf dem „Rückengurtwebstuhl", dem in Lateinamerika weit verbreiteten Gerät, Stoffe aus Agaven- oder Yuccafasern, seltener aus importierter Baumwolle. Muster wurden eingewebt, mit Stempeln aufgedruckt oder gestickt. Flechterinnen stellten Matten, Körbe und Kästen her, Steinmetze meißelten die Quader für Bauten, aber auch Mahlsteine (metaten) und Handreiber (manos), Mörser und Stößel, Glättsteine für die Stukkateure und Klopfer für jene, die aus der Rinde des Ficus oder Agavenfasern Papier erzeugten.

Andere schliffen und durchbohrten Steinperlen oder schlugen aus Feuerstein oder Obsidian Messer und Speerspitzen. Aus Obsidian wurden auch Ohr- und Lippenpflöcke geschliffen oder Klingen für die gefürchteten Schwerter (eigentlich schwertförmige Keulen) abgespalten. Sie wurden in jene Holzgriffe eingelassen, die von anderen Handwerkern ebenso geschnitzt wurden wie eine Unzahl anderer Geräte aus Holz oder Knochen. Es gab auch noch Lederarbeiter, Sandalenmacher, Spiegelschleifer, Bootsbauer, Netzknüpfer, Maler und eine Fülle anderer Handwerker in Tenochtitlán.

Sie alle, auch die „Ackerbürger", waren Mitglieder der breiten Schicht

Traditionelles Handwerk: Bearbeitung von Metall.

der macehual, der Bürger, die in calpulli organisiert waren. Die Steuern der Städter bestanden aus Handwerksprodukten, die der Bauern aus Erzeugnissen der Felder. Beides mußte an den Staat abgeliefert werden. Darüber hinaus waren sie zu öffentlichen Arbeiten und zum Kriegsdienst verpflichtet. Nach Aussagen spanischer Chronisten war ihr Leben mehr als bescheiden, doch steht diese Behauptung im Gegensatz zu sonst festgestellten Tatsachen. Aus der Klasse der macehual konnte man sowohl auf- als auch absteigen, d. h. die komplizierte aztekische Sozialschichtung war durchlässig, nicht starr oder kastenähnlich und bot jedermann Möglichkeiten, sein Los zu verbessern, aber auch zu verschlechtern. So konnte man in die Klasse der mayeque (oder tlalmaitl), „Landarbeiter" oder „Pächter" absteigen, falls man z. B. sein vom calpulli zugeteiltes Land nicht oder nur ungenügend bearbeitete. Die meisten

mayeque dürften jedoch Neuankömmlinge ohne besondere Fähigkeiten gewesen sein, die keine Bindungen an ein calpulli hatten. Da die mayeque keinem calpulli angehörten, hatten sie auch kein Bodennutzungsrecht. Die meisten lebten auf dem Lande, wo sie als Pächter oder Landarbeiter auf den Gütern des Adels arbeiteten. Sie hatten einen Teil der Ernte an die Herren abzuliefern, brauchten aber keine weiteren Staatssteuern zu entrichten. Zum Wehrdienst waren sie allerdings wie alle Mexica oder Tenochca verpflichtet. In der Stadt verrichteten sie vor allem Arbeiten in den Residenzen des Adels; viele waren aber auch als Maurer, Tiefbauarbeiter, Salzsieder, Köhler usw. tätig, wahrscheinlich selbständig gegen Rechnung oder im Auftrage anderer.

Auf noch tieferer Stufe in der Sozialhierarchie standen die Sklaven (tlacotin), deren Status jedoch nicht mit dem der Sklaven der Antike zu vergleichen ist. Das Töten eines Sklaven war Mord und wurde als solcher geahndet, es sei denn, der Sklave hätte eine todeswürdige Tat begangen. Sklaven konnten zwar verkauft werden, aber anscheinend nur in seltenen Fällen gegen ihren eigenen Willen. Das ist allerdings nicht ganz sicher, denn die Chronisten interessierten sich für solche Feinheiten der unteren Schichten nicht.

Niemand konnte als Sklave geboren werden, d. h. Kinder von Sklaven waren frei, ein grundsätzlicher Unterschied zu den Gepflogenheiten der „Alten Welt". Wenn es aber keine „geborenen" Sklaven gab, woher rekrutierten sie sich dann? Die Masse scheint aus Menschen bestanden zu haben, die sich selbst und/oder ihre Angehörigen aus Not in die Sklaverei verkauften. Es wird berichtet, daß z. B. während der großen Hungersnot von 1450–1454 viele Eltern ihre Kinder in die Sklaverei gaben. Damit erreichten sie zwei Dinge gleichzeitig: Die Kinder waren gerettet, denn der Besitzer war, unter Androhung von Strafe, verpflichtet, sie ausreichend zu ernähren, unterzubringen und zu kleiden, und die eigene Familie bekam etwas zu essen.

Bei den damals niedrigen Preisen für Sklaven sollen für ein Mädchen 400, für einen Jungen 500 Maiskolben bezahlt worden sein, was die Familie wenigstens einige Zeit über Wasser hielt. Andere Wege in die Sklaverei bildeten Spielschulden oder Strafen, z. B. wurde ein Dieb Sklave des Bestohlenen. Viele Sklaven in Tenochtitlán dürften darüber hinaus aus fremden Gegenden gestammt haben und von Sklavenhändlern importiert worden sein, die unter den Kaufleuten die höchste Position einnahmen und besonders reich gewesen sein sollen. Vor allem in Atzcapotzalco und Itsocan sollen große Sklavenmärkte bestanden haben, die vorwiegend aus fremden Gegenden beschickt wurden. Kriegsgefangene dagegen wurden meist „Opfersklaven", d. h. sie waren als Menschenopfer für die verschiedenen Götter bestimmt. (...)

Da im Zusammenhang mit den Sklaven das aztekische Recht angesprochen wurde, ist hier vielleicht die Stelle, noch weiter auf dieses weite und nur teilweise erforschte Gebiet einzugehen. Grundsätzlich kann man sagen, daß das Recht, das sicher im Hochtal eine lange Tradition hatte,

zwei Gesichter zeigte. Es war, für unsere Begriffe, auf der einen Seite drakonisch in seinen Strafen, andererseits vernünftig. Es war diesseitig ausgerichtet, d. h. die Strafen erfolgten ausschließlich in diesem Leben, da eine Bestrafung durch die Götter im Jenseits nicht vorgesehen war. Man konnte durch ein sündiges Leben nicht in eine Hölle kommen, da sich der jeweilige Aufenthaltsort des Toten nach der Art des Todes, nicht aber nach der Art des geführten Lebens richtete.

Die dem Recht zugrundeliegenden Prinzipien waren die Sicherung der gesellschaftlichen Ordnung und der ihr unterliegenden Ideologie sowie die Wiedergutmachung angerichteten Schadens. In die letztgenannte Kategorie gehörte die Verurteilung eines Diebes zum Sklaven des Bestohlenen, also die Ersetzung eines erlittenen Schadens durch die Arbeitskraft des Diebes. Wollte der neue Besitzer ihn nicht behalten, so konnte er ihn für den Wert des Gestohlenen verkaufen. Durch diese und ähnliche Rechtsprechungen erübrigte sich auch das Gefängnis bzw. die Gefängnisstrafe, die im alten Mexiko unbekannt war.

Bei Mord wurde entweder die Todesstrafe ausgesprochen, oder der Mörder wurde der Witwe oder anderen nahen Verwandten des Ermordeten als Sklave übergeben. In diesem Falle konnte er sich nicht freikaufen, was sonst durchaus möglich war. Todesstrafen wurden für viele Delikte verhängt. Wenn jemand beim Ehebruch vom Ehemann in flagranti erwischt wurde, wurden beide Partner zu Tode gesteinigt. Ungetreue Beamte wurden mit dem Tode bestraft (!), ebenso Kindesentführer. Den Tod erlitt auch, wer Kleidung oder Schmuck, beides auch Merkmale einer bestimmten Klassenzugehörigkeit, trug, die ihm in seiner sozialen Stellung nicht zustanden. Dadurch wollte man das System der Schichten sichern, auf dem das Funktionieren des Reiches beruhte.

Interessant ist, daß es bei Strafen auch Klassenunterschiede gab. Bei Trunkenheit, die man als Grundübel, eine Ursache für Unruhe und schlechtes Benehmen ansah, wurde ein Priester oder Adliger mit dem Tode bestraft, sozial tiefer stehende Personen bekamen beim ersten Male nur die Haare geschoren, und ihr Haus wurde eingerissen. Erst wenn sie zum zweiten Male ertappt wurden, verurteilte man auch sie zum Tode. Dieses Gesetz galt nicht, wenn man über sechzig Jahre alt war: Dann durfte man sich betrinken! (…)

Endlich sollte man hier noch erwähnen, daß es z. B. auf den Großmärkten spezialisierte Richter gab, die durch ihre Polizei Maße und Gewichte überprüfen ließen. Außerdem gab es eine Militärgerichtsbarkeit, und auch die Fernhandelskaufleute hatten ihre eigenen Gesetze und Richter.

Kehren wir nun wieder zur Betrachtung der Klassen in der aztekischen Gesellschaft zurück. Herausgehoben aus der Masse der macehual war eine Klasse von Handwerkern, die Luxusgüter für den Hof, den Adel und wahrscheinlich auch für den Export herstellte. Zu diesen Kunsthandwerkern (tolteccatl) gehörten die Gold- und Silberschmiede, die Hersteller von Federarbeiten (Schilde, Umhänge usw.), die Bearbeiter von

kostbaren (Halbedel-) Steinen, die Hersteller von Mosaiken aus Steinen und Muschelschale, die Buchmaler sowie wahrscheinlich auch jene Steinmetze, die die Figuren und Reliefs für Tempel und öffentliche Gebäude schufen. Wie weit Kunsttöpfer, Kunstschnitzer, Kunstweber usw. auch in diese Kategorie gehörten, ist unbekannt.

Jede Gruppe der Kunsthandwerker war in einem eigenen calpulli zusammengeschlossen, bewohnte in der Stadt eigene tlaxillacalli und bildete so eine Gemeinschaft, die den Zünften des mittelalterlichen Europa nicht unähnlich war. Da man gewöhnlich innerhalb des eigenen calpulli heiratete und der Sohn dem Vater im Beruf folgte, war es eine mehr oder weniger geschlossene Gesellschaft. Als

Die Erziehung und Ausbildung von Kindern und Jugendlichen nach dem Codex Mendoza.

Außenstehender darin aufgenommen zu werden, war außerordentlich schwer, wenn nicht gar unmöglich.

Diese Abgeschlossenheit wurde noch dadurch verstärkt, daß viele der tolteccatl-Gruppen ursprünglich aus Ausländern bestanden, die noch ihre eigene Sprache untereinander gesprochen haben dürften und auf jeden Fall ihre heimischen Götter verehrten. Die Schneider kostbarer Steine z. B., die vor allem aus Xochimilco stammten, beteten vier Götter an, darunter den sonst kaum bekannten Naualpilli. Die Kunsthandwerker waren u. a. dadurch aus der Masse der Bürger herausgehoben, daß sie keinen Kriegsdienst leisten mußten und ihre Steuern in Form von Erzeugnissen ihrer Kunst ablieferten. Die Frage, ob auch die einfachen Handwerker Zünfte und eigene calpulli bildeten, ist bis heute nicht geklärt.

Die oberste Schicht der aztekischen Gesellschaft, sieht man vom Herrscher ab, wurde vom Adel (pipiltin, Sing.: pilli) gebildet. Zu ihm gehörten zuerst alle, die ihre Abkunft, von der väterlichen oder mütterlichen Seite, auf den ersten „historischen" Herrscher der Mexica, Acamapichtli, zurückführen konnten. Daneben scheint es in der Zeit vor 1500 auch die Möglichkeit gegeben zu haben, durch Erfolge auf dem Schlachtfeld aus der Klasse der macehual in den Adel aufzusteigen. Da der Adel im Gegensatz zu den niederen Schichten polygam leben durfte, nahm seine Zahl rapide zu. Aus diesem Grunde führte Moctezuma Xocoyotzin Einschränkungen ein. Unter seiner Regierung wurde als pilli nur anerkannt, wer von beiden Elternteilen her vom Adel abstammte. Dadurch wurde ein weiteres Anwachsen dieser Klasse verhindert.

Die Aufgaben des Adels lagen hauptsächlich in der Verwaltung, vor allem der entfernteren Provinzen, wo Adlige als Gouverneure oder Steuereinnehmer, aber auch als Offiziere in der Armee, als Richter, als Lehrer an den Adelsschulen oder als Priester eingesetzt wurden. Auch hier war der Besuch des calmecac, der „Adelsschule", in der neben militärischem Training auch Politik, Recht, Religion, Astrologie und Kenntnisse der Bilderschrift vermittelt wurden, Pflicht.

Adlige gehörten anscheinend keinem bestimmten calpulli an, obwohl einige von ihnen in einem tlaxillacalli lebten. Sie bildeten aber, wenn man so will, ihre eigenen calpulli bzw. Einheiten, die jeweils einen Palast (teccalli), meist ein kostbar ausgestattetes zweistöckiges Gebäude mit Nebengebäuden, bewohnten. Ihren Lebensunterhalt bestritten sie aus den Erträgen ihrer von mayeques bearbeiteten Landgüter auf dem Festland. Das waren meist Teile der eroberten Gebiete, die den Unterworfenen abgenommen und an die Sieger verteilt worden waren. Dieser Grundbesitz wurde in der Familie vererbt. Außerdem partizipierte der Adel an den Tributen bzw. Steuern, die er in Form von Geschenken von den Herrschern erhielt. (...)

Auch innerhalb des Adels gab es Klassenunterschiede, die aber weniger auf Geburt als auf Erfolg beruhten. Diese sehr kleine Oberschicht, die tecutli, hatte die höchsten militärischen und politischen Ämter inne, und aus ihren Reihen rekrutierten sich die höchsten Richter. Um in diesen

Rang aufzusteigen, genügte es nicht, Sohn eines tecutli zu sein und die Adelsschule besucht zu haben, sondern man mußte auch seinen Mut und seine Stärke im Kriege beweisen. Tecutli waren – das geht aus den Quellen hervor – die Herren, die Besitzer eines teccalli und damit Oberhaupt der darin lebenden Adelssippe.

Der ranghöchste tecutli war, wenn man so will, der Herrscher selbst, der u. a. auch den Titel tlacatecutli (Menschenherr) führte. Sein wichtigster Titel war jedoch der eines tlatoani (der, der spricht), den wir hier auch benutzen wollen, denn die europäischen Ausdrücke wie „König" oder „Kaiser" sind mit zu vielen Assoziationen belastet, die hier nicht greifen.

Die tlatoani der Mexica stammten alle aus einer Familie, doch folgte, wie auch in anderen Herrscherfamilien Mexikos, nicht oder nur selten der Sohn auf den Vater. Vielmehr wählte man unter den Brüdern, Söhnen, Neffen und Enkeln des verstorbenen Herrschers denjenigen aus, den man für den Fähigsten hielt. Das „Wahlmännergremium" bestand aus den höchsten tecutli, den Vorstehern der calpulli, hohen Priestern und den Mitgliedern des Kriegsrates, den tequina. Sie wählten den „Rat der Vier", aus dem zumeist der nächste Herrscher hervorging. (…)

Zu dem „Rat der Vier", dessen Mitglieder der Herrscherfamilie entstammten und der das höchste Konsultationsgremium für den Herrscher bildete, gehörte auch der cihuacoatl (Schlangenfrau), der als Stellvertreter des tlatoani fungierte und manchmal als „Wesir" bezeichnet wird. Zur Zeit der Eroberung war diese Stellung mehr

Aztekische Weise.

die eines obersten Verwaltungsbeamten, der die täglichen Geschäfte, den „Kleinkram" erledigte, während sich der tlatoani auf die großen Linien der Politik konzentrierte. Das war nicht immer so. Der erste Inhaber dieses Amtes, Tlacaelel, ein Halbbruder des Moctezuma Ilhuicamina, hatte eine hervorragende Stellung innegehabt, ja, diese wahrscheinlich sogar für sich geschaffen. Er soll es gewesen sein, der seinen Onkel Itzcoatl zum Bruch mit den Tepaneken überredete, er soll die Philosophie, die der aztekischen Eroberung zugrunde lag, formuliert haben, und er soll Huitzilopochtli und seinen Kult zur Staatsreligion erhoben haben. (…)

1519 war der Rat des Cihuacoatl (vielleicht ein Nachkomme von Tlacaelel) genauso wenig gefragt wie jener des „Rates der Vier" oder anderer Gremien. Moctezuma Xocoyotzin war ein absoluter Herrscher, willensstark und wenig beeinflußbar. Er regierte nicht mit Hilfe der verschiedenen

Organe, sondern leitete die Staatsgeschäfte autoritär, was allerdings nicht allein auf ihn zurückzugehen scheint, sondern sich im Laufe der Jahre entwickelt haben wird. Daß Moctezuma Xocoyotzin einen Hang zur absoluten Herrschaft hatte, der seiner Natur entgegenkam, läßt sich kaum leugnen. (…)

Aus den Angaben zu den Klassen, vor allem zum Adel, ist ersichtlich, daß die Position des Kriegers auch in der sozialen Stellung der Azteken eine überragende Rolle spielte. Es gab eine allgemeine Wehrpflicht, zumindest für die Bewohner von Tenochtitlán, wahrscheinlich aber auch für die meisten anderen Bewohner des Hochtals von Mexiko. Nach Beendigung der Schule (telpochcalli oder calmecac) mußten die jungen Leute eine Anzahl von Jahren bei der Armee verbringen. Gewöhnlich konnte oder wollte ein junger Krieger erst das Heer verlassen, nachdem er einen Gefangenen gemacht hatte und so bewiesen hatte, daß er ein Mann war. Ein pilli, der keine Gefangenen gemacht hatte, verlor seine Stellung und seine Privilegien. (…)

Einfache Soldaten trugen gewöhnlich eine ärmellose Jacke aus gesteppter Baumwolle, die man durch Tränken in Salzwasser gehärtet und dadurch gegen Pfeilschüsse gesichert hatte. Angriffswaffen waren schwertartige Holzkeulen, in deren Schmalseiten Obsidianklingen eingelassen worden waren. Sie waren so scharf, daß, wie die Spanier berichteten, ein kräftiger Krieger mit einem Schlag einen Pferdekopf abtrennen konnte. Daneben benutzte man Lanzen und Wurfspeere mit Spitzen aus Feuerstein oder Obsidian. Speere wurden mit dem Wurfbrett (atlatl) geschleudert. Fernwaffen wie Pfeil und Bogen wurden nicht verwendet und galten als Waffen „barbarischer" Gruppen. Sie hätten auch der mexikanischen Kampfmethode widersprochen, denn man wollte im Kampf möglichst nicht töten, sondern den Gegner gefangennehmen, damit er als Opferspeise den Göttern geopfert werden konnte. (…)

Die Offiziere waren auf den Schlachtfeldern leicht an ihrer kostbaren Ausrüstung zu erkennen. Der Zweck dieses auffälligen Schmucks war, den Feinden zu zeigen, wie berühmt man war, um sie zum Kampf anzulocken, damit man selber weitere Gefangene machen und erneuten Ruhm erwerben konnte. Vergleiche mit europäischen Rittern des Mittelalters sind hier nicht ganz abwegig.

Die „Offiziere" trugen Schilde aus Flechtwerk, die mit Leder überzogen und mit Federmosaiken bedeckt waren. Die Kleidung umschloß Leib, Arme und Beine eng, und der reiche Federschmuck bot, schuppenförmig übereinandergelegt, auch einen gewissen Schutz. Die hohen und höchsten Offiziere trugen noch „Helme" und/oder Kopfschmuck, oft in Form von Tier- oder Götterköpfen, sowie leichte, am Rücken befestigte Rohrgestelle in phantastischen Formen, die den Kopf des Trägers weit überragten. Mit leuchtenden Federn bedeckt, hatten sie auch die Funktion von Standarten, die sowohl den eigenen Kriegern als auch dem Gegner anzeigten, wo sich der oder die Befehlshaber befanden.

Es gab militärische Vereinigungen, in die man eintreten konnte, nachdem man den Rang eines tequiua erreicht,

d. h. vier Gefangene gemacht hatte. Adlige traten in die Adler- oder Jaguarorden ein, die besondere Häuser im Haupttempelbezirk unterhielten und denen der Felsentempel von Malinalco als Heiligtum diente. Mitglieder dieser Orden trugen im Kampf eine Kleidung, die die Gestalt des Wappentieres imitierte, einschließlich einer Helmmaske, zwischen deren Kiefer der Kopf des Kriegers heraussah.

Tequiua aus dem Bürgerstand konnten Mitglieder des quachic- oder des otomí-Ordens werden, die beide als sehr kriegerisch, aber auch als wenig diszipliniert galten. Bei dem otomí-Orden verpflichteten sich die paarweise kämpfenden Mitglieder, nie vor dem Feinde zurückzuweichen. Dieses Gelübde erinnert stark an jene späteren Militärgesellschaften der Prärieindianer Nordamerikas. Unabhängig von ihrer Herkunft bildeten alle tequiua den „Kriegsrat", der sich in einem bestimmten Raume des Palastes traf und mit dem Herrscher über militärische Angelegenheiten beriet.

Die zahlreichen Klassen und ihre Untergliederungen fanden in Kleidung und Schmuck ihren sichtbaren Ausdruck. Man konnte an der Zurschaustellung von Statussymbolen erkennen, welcher Klasse ein Mensch angehörte und welchen Rang er im Militär oder der Verwaltung einnahm. Es gab eine regelrechte Kleiderordnung, deren älteste bereits von Moctezuma Ilhuicamina erlassen worden war. Glaubt man den spanischen Chronisten, so hat sie wenig genützt, da jedermann versuchte, sie zu umgehen, obwohl auf die Benutzung von Symbolen eines höheren Ranges die Todesstrafe stand. (...)

Der Unterschied zu den einfachen täglich getragenen Kleidungsstücken lag im Material, Ausführung und Verzierung, manchmal aber auch in der Art, wie man das Kleidungsstück trug. Nur der tlatoani und die höchsten Würdenträger durften z. B. ihren Umhang vor der Brust knoten. Die Bürger und die einfachen Leute durften nur Kleidung aus Agave- oder Yuccafasern tragen, da die importierte Baumwolle dem Adel und den ausgezeichneten Kriegern vorbehalten war. Die tilmatli der macehual durften nur bis zum Knie reichen, während jene der pilli und die der hohen Offiziere gleich welcher Herkunft knöchellang waren. Eine Ausnahme von dieser Regel war den alten Kriegern gestattet, die Beinwunden erlitten hatten, denn ihr Umhang durfte die Wunden bedecken. Noch wichtiger waren augenscheinlich Muster und Federschmuck. An den Ornamenten des tilmatli konnte man z. B. erkennen, ob jemand im Kriege ein, zwei, drei, vier oder mehr Gefangene gemacht hatte. Aber auch für andere Taten gab es besonders verzierte Kleidungsstücke, die oft feierlich vom tlatoani verliehen wurden. Federn bzw. Federschmuck sowie Goldschmuck war nur den höheren Schichten bzw. besonders hervorragenden Kriegern vorbehalten. Die Lippenpflöcke waren ebenfalls ein Zeichen hohen Ranges. Allein der tlatoani war berechtigt, einen Nasenpflock aus Türkis zu tragen und ein dreieckiges Diadem aus Gold mit Türkismosaik und dazu noch zahlreiche andere Schmuckstücke.

Oben wurde ausgeführt, daß Federn und Goldschmuck nur dem Adel und höheren Militärrängen vor-

Mexica-Händler: auf dem Weg in die Stadt (oben); auf dem Markt in Tlatelolco (unten).

behalten waren; von dieser Regel gab es jedoch eine Ausnahme. Eine ganze Klasse, die ebenfalls das Recht auf diese Statussymbole besaß, waren die Fernhandelskaufleute, die pochteca. Diese Berufsgruppe, die man bis weit in die Geschichte zurückverfolgen kann, hatte ihre beruflichen Ahnen sehr wahrscheinlich bereits unter den Olmeken, also vor fast dreitausend Jahren. Die pochteca lebten im besonderen tlaxillacalli, vor allem in Tlatelolco, dem Haupthandelszentrum des alten Mexiko. Ursprünglich von der Golfküste stammend, war der Schutzpatron der Kaufleute der langnasige Gott Yacatecutli, dem sie auch ihre Tempel weihten und den sie vor den Reisen anriefen. Organisiert waren die pochteca in Gilden, zu denen man nur durch Geburt Zugang hatte. Genau wie die Kunsthandwerker waren sie vom Kriegsdienst befreit, und ihre Abgaben bestanden aus einem Teil jener Güter, die sie aus fernen Landen mitbrachten.

Bei ihren Reisen waren sie von Sklaven als Trägern begleitet. Die Unternehmen waren oft lang und gefährlich, denn sie zogen über die Grenzen des Reiches hinaus und kamen dabei zu Völkern, mit denen die Mexika noch nie in Berührung gekommen waren. Da sie begehrte Tauschobjekte mit sich führten, waren sie häufigen Angriffen und Überfällen ausgesetzt, denen sie sich bewaffnet widersetzten. Überfälle auf Kaufleute waren ein häufiger Kriegsgrund, und manchmal wurden sie vielleicht von den Azteken selbst provoziert. Die pochteca arbeiteten auch als Spione, erkundeten das Land jenseits der Grenzen und spionierten sein Potential und die Macht seiner Fürsten aus, um darüber dem tlatoani in Tenochtitlán zu berichten. (...)

Um keinen Neid zu erzeugen, trugen die Kaufleute auf der Straße und unterwegs nur ärmliche, geflickte Umhänge. Aus dem gleichen Grunde betraten sie Tenochtitlán nach Abschluß einer erfolgreichen Reise nur nachts und brachten ihre neuen Waren vorerst sicher in Häusern von Verwandten unter.

Wolfgang Haberland:
„Die Azteken"

Religion – Die Welt, der Mensch und seine Zeit

Mythen sind nicht nur Über-lieferung und Geschichte, sondern erlebte Wirklichkeit, lebendige Realität, von der man glaubt, daß sie einst in der Urzeit geschehen ist und seitdem auf die Welt und das Schicksal der Menschen ein-wirkt.

Quetzalcoatl

Somit ist die Mythologie als Mittlerin zwischen Vergangenheit und Gegenwart geeignet, die Realität zu strukturieren und verständlich zu machen.

Wie andere Völker Mittelamerikas glaubten auch die Mexikaner, daß mehrere aufeinanderfolgende Welten der unseren vorausgegangen waren und daß jede dieser Welten in einer Naturkatastrophe untergegangen war, welche die Menschheit jeweils ver-schlungen hatte: Das sind die „vier Sonnen"; unsere Welt ist die fünfte. Jede dieser „Sonnen" ist auf Denkmä-lern wie dem Aztekenkalender oder dem Sonnenstein festgehalten durch ein Datum, ihr Enddatum nämlich, das gleichzeitig die Art ihres Zusam-menbruchs in Erinnerung bringt: So trägt zum Beispiel die vierte Epoche, die „Wassersonne", das Datum naui atl, „vier-Wasser", denn sie ging durch Überschwemmung in einer Art Sint-flut zu Ende.

Unserer Welt wird dasselbe Ge-schick zuteil werden; ihr Schicksal ist festgelegt durch das Datum, das ihre Geburt sozusagen bestimmt hat, näm-lich als unsere Sonne ihren Lauf begann: naui ollin. Die Hieroglyphe ollin in Form eines Heiligen-Andreas-Kreuzes, die neben der Maske des Sonnengottes im Mittelpunkt des Aztekenkalenders steht, hat den Doppelsinn der „Bewegung" und des „Erdbebens". Sie versinnbildlicht gleichzeitig den Anlauf des Gestirns zu Beginn unserer Zeitrechnung und den Umbruch, der unsere Welt zerstö-ren wird. Dann wird die Wirklichkeit wie ein Schleier zerreißen, und die Ungeheuer der Dämmerung, die in der Tiefe des Westens der verhängnisvollen Stunde harren, werden hervortauchen, um über die letzten Überlebenden herzufallen.

Am Anfang aller Wesen und sogar der Götter stellten sich die alten Mexikaner ein Urpaar vor, Ometecuhtli, den „Herrn der Zweiheit", und Omeciuatl, „die Herrin der Zweiheit". Sie wohnen auf dem Gipfel der Welt, im dreizehnten Himmel, „wo die Luft kalt, dünn und eisig ist". Von ihrer ewigen Fruchtbarkeit stammen alle Götter ab und werden alle Menschen geboren. In der Zeit, die uns hier beschäftigt, war dieses Götterpaar zu etwas wie Königen geworden, die zwar regieren, aber nicht mehr herrschen: Sie waren von der kraftvollen Menge jüngerer und tatkräftiger Götter in den Hintergrund gedrängt worden. Dennoch räumte man ihnen das Vorrecht der Festsetzung einer jeden Menschengeburt und somit eines jeden Schicksals ein.

Als Abkömmlinge der höchsten Zweiheit haben die Götter wiederum die Welt geschaffen. Ihre wichtigste Handlung war natürlich die Geburt der Sonne gewesen: Und diese Sonne wurde geboren durch Opfer und Blut. Die Götter, heißt es, versammelten sich in dem Dunkel von Teotihuacán, und aus ihrer Mitte trat eine kleine aussätzige, mit Schwären bedeckte Gottheit hervor und sprang in eine ungeheure Feuersglut hinein, aus der sie als Stern emportauchte. Doch verharrte diese neue Sonne regungslos: Blut war nötig, damit sie in Bewegung kam. Da opferten sich die Götter, und die Sonne zog Leben aus ihrem Tod und begann ihren Lauf durch das Himmelsgewölbe.

So beginnt das kosmische Drama, in das der Mensch nach dem Fall der Götter verwoben ist. Damit die Sonne ihren Lauf fortsetzen kann, damit das Dunkel nicht endgültig über die Erde sinkt, muß man ihr täglich Speise reichen, das „kostbare Wasser" (chalchiuatl), das heißt Menschenblut. Das Opfer ist eine heilige Pflicht gegen die Sonne und sogar eine Notwendigkeit für das Wohl der Menschen. Ohne das Opfer kommt selbst das Leben der Welt zum Stillstand. Jedesmal, wenn auf der höchsten Plattform einer Pyramide der Priester das blutende Herz eines Opfers in seinen Händen hochhebt und es in den quauhxicalli senkt, ist der Zusammenbruch, der Welt und Menschheit in jedem Augenblick bedroht, noch einmal verhütet. Das Menschenopfer ist eine Verwandlung, die aus Tod Leben schafft. Und die Götter haben uns am ersten Tag der Schöpfung ein Beispiel dafür gegeben.

Und nun besteht das erste Gebot des Menschen eben darin, intonan intota tlaltecuhtli tonatiuh, „unserer Mutter und unserem Vater, der Erde und der Sonne", Nahrung zu geben. Sich dieser kosmischen Pflicht zu entziehen, heißt, die Götter und damit alle Menschen verraten: Denn was für die Sonne gilt, gilt auch für die Erde, für den Regen, für das Wachstum, kurzum für alle Kräfte der Natur. Nichts wächst, nichts dauert als durch Opferblut.

„Der große Gott-König der Tolteken, Quetzalcoatl, gab niemals Menschenopfern statt, weil er seine Untertanen, die Tolteken, viel zu sehr liebte; daher opferte er nur Schlangen, Vögel und Falter." Doch hatte Quetzalcoatl wegen der Untaten Tezcatlipocas aus Tula fliehen müssen: Nun war Mexiko den nach Opfern dürstenden Göttern

Menschenopfer nach Diego Durán.

ausgeliefert. Nach der landläufigen Form dieses Brauches wurde das Menschenopfer mit dem Rücken auf einen leicht gewölbten Stein niedergelegt, vier Priester hielten ihn an Armen und Beinen fest, und der fünfte stieß ihm sein Feuersteinmesser in die Brust und riß ihm das Herz heraus. Oftmals spielte sich die Opferung auch in der Form eines gladiatorio ab, wie es die spanischen Chronisten genannt haben: Der mit Holzwaffen ausgerüstete Gefangene wurde mittels eines Taues, das ihm Bewegungsfreiheit gewährte, auf einer riesigen Steinscheibe festgebunden und mußte mit mehreren regelrecht bewaffneten Aztekenkriegern hintereinander kämpfen. Falls er wider Erwarten ihrem Ansturm widerstand, so mochte er sein Leben retten. In den meisen Fällen brach aber der „Gladiator" schwer verletzt zusammen

und hauchte wenige Minuten später auf dem Steinrad sein Leben aus, wenn die Priester in schwarzem Gewand und wehendem Haar ihm die Brust öffneten. Die auf diese Weise dem Tod geweihten Krieger trugen besondere Kleidung und Schmuck: Man krönte sie mit weißem Flaum, dem Sinnbild des ersten Morgenschimmers, jener schwankenden Stunde, da im grauen Licht die Seele des auferstandenen Kriegers zu unserem Vater, der Sonne, emporfliegt.

Aber das waren nicht die einzigen Formen der Opferung: Man enthauptete die zu Ehren der Erdgöttinnen todgeweihten Frauen, während sie tanzend ihr Schicksal zu vergessen vorgaben; man ertränkte Kinder als Opfergabe für den Regengott Tlaloc; man warf die vom yauhtli (Haschisch) unempfindlich gemachten Opfer für den

Feuergott auf den Scheiterhaufen; man band Opfer, die den Gott Xipe Totec darstellen sollten, auf eine Art Folterbank und durchbohrte sie mit Pfeilen: Hernach zog man ihnen die Haut ab, und die Priester legten sie sich um. In den meisten Fällen war das Opfer als Ebenbild des Gottes, dem es geopfert wurde, gekleidet, bemalt und geschmückt. So war es der Gott selbst, der vor seinem Ebenbild und in seinem eigenen Tempel umkam, wie ja zu Beginn alle Götter ihren Untergang zur Errettung der Welt auf sich genommen hatten. Und wenn bei gewissen Anlässen rituelle Menschenfresserei getrieben wurde, so war es stets das Fleisch des leibhaftigen Gottes, das der Gläubige in einer blutigen Kommunion verspeiste.

Keine Erscheinung der mexikanischen Kultur verletzt unsere Empfindsamkeit so sehr wie diese. Von der ersten Berührung zwischen Europäern und Indianern an kamen die Neuankömmlinge aus Schrecken und Abscheu vor dem Menschenopfer zu der Überzeugung, daß die Urreligion aus der Hölle stamme und daß ihre Götter nichts anderes seien als Dämonen: Es stand für sie sogleich fest, daß Uitzilopochtli, Tlaloc, Tezcatlipoca und all die anderen fragwürdigen Gottheiten Mexikos Teufel seien und daß alles, was sie betraf oder sie im entferntesten berührte, mit Stumpf und Stiel ausgerottet werden müsse. Die Anwendung von Menschenopfern bei den Azteken trug viel zu der unüberwindlichen Kluft zwischen den beiden Religionen, die sich zum ersten Male gegenüberstanden, bei. Und als der Krieg zwischen Spaniern und Mexikanern ausbrach, wurde

diese Kluft zu einer verbissenen und unversöhnlichen Feindschaft in dem Augenblick, da die Conquistadores dem kläglichen Verenden ihrer Kameraden aus ohnmächtiger Entfernung beiwohnen mußten, deren grimassierende Schädel sie später auf den tzompantli zur Schau gestellt sahen.

Für uns Heutige ist es zweifellos nicht leicht zu begreifen, was das Menschenopfer für einen Azteken des 16. Jahrhunderts bedeutete. Rufen wir uns daher zuerst ins Gedächtnis zurück, daß jede Kultur ihre höchst eigene Vorstellung vom Wesen des Grausamen hat. Die Römer vergossen zum Beispiel auf der Höhe ihrer Entwicklung in den Arenen und für ihre Belustigungen mehr Blut, als es die Azteken je vor dem Angesicht ihrer Götzen taten. Die über die Grausamkeit der einheimischen Priester ehrlich entsetzten Spanier haben ihrerseits mit dem ruhigsten Gewissen der Welt das Sengen, Brennen, Morden und Foltern nach Herzenslust getrieben. Unsere Generation, die bei den Berichten der blutigen Riten des alten Mexiko ein Zittern befällt, hat andererseits mit eigenen Augen ansehen müssen, wie zivilisierte Völker die programmäßige Ausrottung von Millionen Menschen bewerkstelligt haben, wie dieselben Völker Vernichtungswaffen entwickelt haben, die in einer Sekunde hundertmal mehr Menschen umbringen können, als das aztekische Kaiserreich in seinem ganzen Bestehen je gemordet hat.

Das Menschenopfer war bei den Mexikanern weder ein Niederschlag der Grausamkeit noch des Hasses. Es war vielmehr ihre Antwort – die einzige für sie denkbare Antwort – auf die Unbeständigkeit einer fortwährend bedrohten Welt. Um diese Welt und die Menschen zu retten, bedurfte es des Blutes: Das Opfer war kein Feind mehr, den man tötet, sondern ein Bote, der mit fast göttlicher Würde bekleidet zu den Göttern entsendet wird. Alle Beschreibungen von Opferzeremonien, einschließlich diejenigen, welche Sahagún von seinen aztekischen Gewährsmännern diktiert wurden, vermitteln ganz unbeabsichtigt den Eindruck, daß zwischen Opfern und Schächern keinerlei Abneigung wie Haß oder Blutdurst bestand, sondern sogar eine seltsame Brüderschaft oder eher noch – und aus den Texten wird dies offenbar – eine Art mystische Verwandtschaft.

Wenn ein Krieger einen Gefangenen machte, sagte er: „Dies ist mein vielgeliebter Sohn." Und der Gefangene sagte: „Dies ist mein verehrter Vater." Der Krieger, der einen Gefangenen gemacht hatte und dessen Tod vor dem Altar beiwohnte, wußte, daß ihn früher oder später ein ähnliches Los erwartete. „Sei willkommen, du kennst das Los des Kriegers; heute bist du es, morgen bin ich es", sagte der Kaiser zu einem gefangenen Heerführer. Der Gefangene aber, von früher Kindheit an auf sein mögliches Ende vorbereitet, verneigte sich mit Gleichmut. Ja, noch mehr: bot man ihm eine mit seinem Geschick und dem Willen der Götter unvereinbare Begnadigung an, so wies er dieses Anerbieten zurück.

Jacques Soustelle:
„Das Leben der Azteken"

Die Hauptgottheiten

Als die Spanier Mexiko eroberten, fanden sie bei den Azteken eine polytheistische Religion vor, die sich besonders kraß von ihrer eigenen christlichen unterschied. Daß Teile der führenden Schicht, Priester, Herrscher, Literaten, sich teilweise von der Verehrung vieler Götter abwandten und sich verstärkt monotheistischen Ideen wie dem Glauben an „Tloque Nahuaque", dem „Allgegenwärtigen", bzw. Ipalnemoami, „der, durch den man lebt", zuwendeten, war für die Spanier zunächst nicht erkennbar. Die monotheistischen Ideen wurden vor allem in den Liedern und Gedichten der Elite ausgedrückt – beeinflußten aber nicht die offizielle Religion. (…) In diesem Kapitel soll versucht werden, die vielen aztekischen Götter und ihre vielfältigen Eigenschaften und Attribute zu beschreiben.

Huitzilopochtli, nach dem Codex Borbonicus.

Die vielgestaltigen Götter und der mexikanische Dualismus

Obwohl es tatsächlich eine große Anzahl verschiedener Gottheiten gab, die sich durch die Aufnahme weiterer Götter aus älteren oder neu eroberten Kulturen ständig erhöhte, muß berücksichtigt werden, daß die einzelnen Gottheiten mehrere verschiedene, oft gegensätzliche Aspekte in sich vereinigten. Da dieses in den Abbildungen durch verschiedene Attribute, Farben und Kleidungsstücke ausgedrückt wurde, entsteht der Eindruck, es handelte sich um unterschiedliche Gottheiten. Umgekehrt waren durchaus mehrere Götter für denselben Bereich zuständig, z. B. stehen Xochipilli, Macuilxóchitl und Xochiquetzal für Blumen, Schönheit, Liebe, die beiden erstgenannten auch für Spiel und Tanz.

Schon lange Zeit vor dem Erscheinen der Azteken war im Alten Mexiko das dualistische Prinzip vorherrschend. Hell – dunkel, Frau – Mann, oben – unten, Sonne – Mond, Tag – Nacht etc. waren die auftretenden Gegensätze. Das schlägt sich auch in den Götternamen nieder. So hieß z. B. das göttliche Schöpferpaar Ometecuhtli „2-Herr" und Omecíhuatl „2-Frau". Sie hatten 4 Kinder, von denen alle anderen Götter abstammen und letztlich auch die Welt und die Menschen. Diese vier Götterkinder waren der rote Tezcatlipoca; der schwarze Tezcatlipoca, der der eigentliche Tezcatlipoca ist (d. i. „der rauchende Spiegel"); Quetzalcoatl (gefiederte Schlange), der Gott des Windes und des Lebens; und der blaue Tezcatlipoca, der mit Huitzilopochtli gleichgesetzt wurde.

Die Zahl 4 hatte eine entscheidende Bedeutung innerhalb der aztekischen Religion. Die vier Götter symbolisierten die vier Himmelsrichtungen, wobei das Zentrum als eine fünfte Himmelsrichtung hinzukam. Die Zahl 4 spielt auch im aztekischen Kalender eine wichtige Rolle.

Huitzilopochtli

Der für die Azteken wichtigste Gott war Huitzilopochtli. Er wird als aztekischer „Stammesgott" bezeichnet und symbolisierte die Sonne. Man stellte sich ihn als jungen Krieger vor, der von der Erdgöttin Coatlicue jeden Morgen geboren wird, aber jeden Abend stirbt und in der Erde verschwindet. Als Krieger muß er täglich seine Brüder, die Sterne, und seine Schwester, den Mond, besiegen. Um den alltäglichen Kampf zu bestehen, mußte Huitzilopochtli von den Menschen ausreichend ernährt werden, was ausschließlich mit chalchiuatl, „köstlicher Flüssigkeit", d. h. Menschblut, möglich war.

Die Darstellungen zeigen üppigen Federkopfschmuck, Waffen, Schilde mit Federmosaiken und Edelsteinen, Goldschmuck und natürlich eine prächtige Kriegertracht.

Die Schöpfergottheiten Quetzalcoatl und Tezcatlipoca

Während Quetzalcoatl die Erfindung wichtiger Errrungenschaften wie Ackerbau und Handwerk zugeschrieben wird, steht Tezcatlipoca als zwar allmächtige, aber eher negativ bewertete Gottheit dar. Er ist der Gott der Nacht, Patron der Zauberer und Bösewichte. Er führt einen ständigen Kampf gegen seinen Bruder Quetzalcoatl, wobei sie sich abwechselnd besiegen, wodurch immer neue Schöpfungen entstehen. Auf diese Weise entwickelt sich schließlich das Universum. (…) Quetzalcoatl ist in den Darstellungen gut zu identifizieren: Als Windgott trägt er eine Art Vogelschnabel vor dem Gesicht, welcher auch seinem Kalenderzeichen Ehecatl, „Wind", entspricht. Auf dem Kopf hat er einen hohen, konischen Aufsatz aus Jaguarfell, der von einem Edelstein gekrönt wird. In einigen Darstellungen trägt er einen Bart, der ihn als besonders alten Schöpfergott kennzeichnen soll.

Tezcatlipoca, nach dem Codex Borgia.

Quetzalcoatl wird nicht nur mit dem Windgott Ehecatl gleichgesetzt, sondern auch mit Tlahuizcalpantecutli, dem Gott der Morgenröte, oder mit Ce Acatl, „I-Rohr", oder Xolotl u. a. m.

Die Gestalt des Quetzalcoatl gehört zu den schon in voraztekischer Zeit bekanntesten altmexikanischen Gottheiten: Er ist sowohl in der Mayakultur (Kulkulkán) als auch bei Zapoteken in Oaxaca und in den Ruinen von Teotihuacan im Hochtal von Mexiko bereits in der klassischen Zeit nachweisbar. Quetzalcoatl steht vorwiegend, aber nicht ausschließlich für positive Aspekte. Er symbolisiert den Rausch, frißt Schmutz und läßt sich von Tezcatlipoca gar dazu verführen, sexuelle Tabus zu brechen.

Dennoch unterscheidet er sich erheblich von seinem Kontrahenten Tezcatlipoca, der den Tod, die Zerstörung, die Bosheit schlechthin verkörpert. Aber auch er ist nicht ganz ohne positive Eigenschaften: Unter dem Namen Telpochtli verkörpert er ewige Jugend, und als Yáotl wird er als Patron der Krieger verehrt. In Abbildungen trägt er den rauchenden Spiegel vor der Brust und einen weiteren anstelle eines Fußes. Schwarz ist seine dominierende Farbe, im Gesicht hat er gelbe und schwarze Streifen, als Gott der Krieger trägt er Schild, Speer und Lanze und außerdem einen prächtigen Federschmuck.

Tlaloc

Im gesamten mesoamerikanischen Raum war der Regengott Tlaloc („der, der sprießen läßt") mindestens ebenso alt und wichtig wie Quetzalcoatl. Die Maya nannten ihn Chac, die Totonaken an der Golfküste Tajín, die Mixteken Dzahui und die Zapoteken Cocijo. Er läßt sich bereits in der olmekischen Kultur identifizieren, und in Teotihuacan gibt es von ihm mehr Darstellungen als von Quetzalcoatl.

Obgleich Tlaloc als regenbringender Gott in erster Linie Wohltäter ist, verkörpert er andererseits auch die negativen Naturaspekte von Regen

Tlaloc, nach dem Codex Magliabecchiano.

und Wasser: Überschwemmungen, Hagel, Eis, Blitz, ja sogar das Gegenteil, die Dürre.

Die Menschen fürchteten seine Zornausbrüche, daher war sein Kult besonders ausgeprägt, was sich in aufwendigen Opfergaben, bis hin zur Opferung von Kindern, zeigte. Tlaloc war und ist so wichtig, daß er auch heute noch in vielen vorwiegend von Indianern bewohnten Regionen Mexikos heimlich angebetet wird, und die ihm geweihten vorspanischen Bezirke werden teilweise noch heute als Opferstätten benutzt. Nicht nur in den Codices, sondern auch in Skulpturen, auf Keramik und Wandmalereien ist Tlaloc leicht zu identifizieren: Typisch ist die brillenähnliche Augenumrandung und die rüsselförmige Nase (stilisierte Wasserschlangen?), der ausgeprägte Oberlippenbart (Symbol für

Regenwolke?) und die blaue Wasserfarbe der Maske. Er ist oft umgeben von Wassertropfen oder Wassertieren.

Chalchiuhtlicue

Eine weitere Wassergottheit war Chalchiuhtlicue („die mit einem Jaderock"), die als Göttin des Meeres und der Seen angesehen wurde. Sie wurde in den Quellen sowohl als Schwester als auch als Gattin des Tlaloc bezeichnet und mit Schmuck aus blau und weiß angemaltem Amate-Papier abgebildet. An ihren Wangen hängen blaue und weiße Bänder mit großen Troddeln. Sie galt insbesondere als Patronin des Golfs von Mexiko. (…)

Mayauel

Eine wichtige Pflanze war die Agave, deren Blätter und Stacheln vielfältige Verwendung fanden. Vor allem wurde aus ihrem Saft Pulque (octli) hergestellt, ein leicht berauschendes Getränk. Die Pflanze wurde durch die Göttin Mayauel personifiziert, die 40 Brüste besaß, um ihre 40 Kinder, die Centzon Totochtin, zu nähren, die für den Rausch zuständig waren.

Xipe Totec

Eine Vegetationsgottheit im weitesten Sinne ist auch Xipe Totec, „unser Herr, der Geschundene". Der mit einer menschlichen Haut bekleidete Gott wird schon in Teotihuacan dargestellt. Er symbolisiert so den Frühling, die Jahreszeit, in der die Natur über der alten Haut ein neues Kleid anlegt, was durch Opfer für ihn wiederholt wird. Außer durch die übergezogene Haut wird Xipe wie ein roter Tetzcatlipoca dargestellt, im Gesicht hat er rote und gelbe Querstreifen.

Huehuetéotl

Für das Element Feuer war Huehuetéotl zuständig, der uralte Feuergott. Auf seinem Kopf trägt er stets ein riesiges Räucherbecken; so wird er bereits in den ersten Jahrhunderten nach Christus in Teotihuacan dargestellt, außerdem ist er bucklig und zahnlos.

Es gibt zahlreiche zapotekische Urnen, die den alten Feuergott darstellen.

Mixcóatl

Mixcóatl, „Wolkenschlange", war, wie schon der Name andeutet, als Himmelsgottheit die Verkörperung der Wolken und insbesondere der Milchstraße.

Erdgottheiten

Die Erde wurde in den altmexikanischen Kulturen als riesiger offener Rachen oder aber als frosch-, krokodil- oder haiähnliches Wesen dargestellt.

Sie trug verschiedene Namen, einen männlichen, Tlalteuchtli, und verschiedene weibliche, wie Coatlicue („Schlangenrock"), Cihuacóatl („Schlangenfrau"), Tlazoltéotl (Schutzgöttin). Die Erde bzw. die ihr zugeordneten Gottheiten verkörperten den dualistischen Aspekt von Schöpfung und Zerstörung. Coatlicue kam eine besondere Bedeutung zu, denn sie galt als die Schöpfergottheit schlechthin, als Mutter aller wichtigen Götter, der Sonne, des Mondes, aller Sterne, und, für die Azteken besonders wichtig, von Huitzilopochtli, der eine Art Nachkömmling war. Die Darstellung der Coatlicue als Kolossalstatue im Museo Nacional von Mexico City ist ein Meisterwerk, das alle wichtigen Attribute der Göttin aufweist.

Mictlantecuhtli

Im Totenreich, Mictlan, herrschte Mictlantecuhtli, der „Herr der Toten". Er wurde leicht identifizierbar dargestellt: Der Körper war mit menschlichen Knochen bedeckt, auf dem Gesicht trug er eine Totenkopfmaske. Verkrustete schwarze Haare und als Ohrschmuck ein menschlicher Knochen vervollständigen das Bild. Die mit ihm assoziierten Tiere waren Spinne, Eule und Fledermaus.

Die Priester

Der aztekische tlatoani (oberster Herrscher) hatte nicht nur politische Aufgaben wahrzunehmen, sondern war gleichzeitig Priester.

In den unteren Rängen gab es innerhalb der Priesterklasse eine starke Spezialisierung, denn die mit dem Kult verbundenen Aufgaben waren sehr vielseitig. Es gab zwei oberste Priester, einer diente Huitzilopochtli, der andere war für den Kult des Tlaloc zuständig.

Nur diesen beiden genannten Göttern wurde im Templo Mayor von Tenochtitlan gedient. Da der Gott Quetzalcoatl als Archetypus aller Götter und Priester galt, wurden Tlaloc und Huitzilopochtli pauschal auch als Quetzalcoatl bezeichnet.

Es gab keineswegs nur männliche, sondern auch weibliche Priester, und diese nahmen durchaus auch hohe Ränge ein. Die Priester waren nicht nur direkt für den Götterkult zuständig, sondern auch ganz allgemein für die Wissenschaften. (…) In ihren Händen lag das Kalenderwesen, die Wahrsagerei und die Herstellung und Interpretation der Codices. Im militärischen Bereich waren sie vor allem für die Beschaffung von Opfergefangenen verantwortlich.

Die Erziehung und Lehre im calmécac war religiös bestimmt, jedoch wurden nicht alle hier ausgebildeten jungen Adeligen später auch Priester, sondern sie waren für verschiedene Berufe der höheren Schicht ausgebildet. Alle Schüler des calmécac wurden einer harten Zucht unterworfen, auch wenn sie Söhne von hochgestellten Personen waren. Schwere körperliche Arbeiten, rituelles Abzapfen des eigenen Blutes, totale sexuelle Abstinenz und vieles andere mehr gehörte zu den Pflichten, deren Nichtbeachtung hart bestraft wurde.

Der komplizierte und umfangreiche Kult der vielen Götter erforderte eine große Anzahl von Priestern. Der spanische Chronist Torquemada behauptet, daß allein für den Dienst im Templo Mayor 5 000 Priester und Helfer notwendig waren.

Aztekische Jenseitsvorstellungen

Ganz im Gegensatz zum christlichen Glauben hingen die aztekischen Jenseitsvorstellungen nicht von der irdischen Lebensführung, sondern von der Todesart und der früheren beruflichen Stellung des Toten ab.

Die im Kampf getöteten Krieger gingen in das östliche Paradies ein, das „Sonnenhaus" Tonatiuhichan, wo sie mit den als Opfer gestorbenen Menschen zusammentrafen.

Ebenso wie das östliche versprach auch das westliche Paradies „Maishaus" Cincalco ein angenehmes Weiterleben nach dem Tod. Hierher kamen die im Kindbett gestorbenen Frauen, denen eine den Kriegern vergleichbare Verehrung zuteil wurde.

Die Ertrunkenen, durch Blitz Erschlagenen, aber auch die an Lepra oder einer anderen Krankheit, die mit dem Regengott assoziiert wurde, Gestorbenen gelangten nach Tlalocan, das im Süden lag, und damit in ein äußerst fruchtbares Paradies.

Zu erwähnen ist schließlich Mictlan, das im Norden gelegene Totenreich, wo die speziell von der Sonne und Tlaloc auserwählten Toten hingelangten. Nach Mictlan führte kein direkter Weg. Es waren an neun verschiedenen Orten gefährliche Mutproben zu bestehen, bevor man nach etwa vier Jahren endlich am Ziel ankam. Die Herrin und der Herr der Unterwelt wurden Mictecacíhuatl und Mictlantecuhtli genannt.

Wie die Unterwelt, so wurde auch der Himmel in 13 verschiedene Regionen unterteilt. Im obersten lebte das Schöpferpaar Ometecuhtli und Omecíhuatl. Hierher gelangten – als einzige menschliche Toten – die gestorbenen Kleinkinder. Noch jenseits des obersten, dreizehnten, Himmels vermutete man Tloque Nahuaque, den „Allgegenwärtigen".

Viola König:
„Die Hauptgottheiten"

Aufzeichnungen zum Untergang des aztekischen Imperiums

Am Karfreitag des Jahres 1519 landete Hernán Cortés mit seinen Soldaten an der Küste von Vera Cruz. Schon lange vor ihrer Ankunft mehrten sich die unheilvollen Zeichen, die das Ende der Herrschaft Motecuhzomas ankündigten. Die Azteken waren verunsichert, glaubten sie doch in den bärtigen Weißen den zurückkehrenden Gott Quetzalcóatl zu erkennen.

Die Azteken machten sich bereit, die göttlichen Wesen auf den „schwimmenden Bergen" festlich zu empfangen. Sie brachten Geschenke, opferten ihnen, mußten aber erfahren, wie ihr Kultus versagte. Zwei Welten prallten aufeinander: Die Spanier kämpften in blinder Gier nach Gold und wähnten den einzig wahren Gott auf ihrer Seite. Die Azteken, von ihren Göttern verlassen, verteidigten sich in einem aussichtslosen Kampf.

Daß über diesen ungleichen Kampf nicht nur Spanier berichtet haben, sondern auch die Azteken selbst, ist lange Zeit wenig beachtet worden. Auf Anregung spanischer Missionare fixierten die Überlebenden ihre Geschichte in ihrer eigenen Sprache, dem Nahuatl. So entstanden die Berichte von Betroffenen, die nicht nur von großartigen Siegen und Eroberungen künden.

Im folgenden sollen die wichtigsten Ereignisse in chronologischer Reihenfolge dargestellt werden, und am Schluß soll derjenige zu Wort kommen, den man als den Eroberer Mexikos schlechthin bezeichnet: Hernán Cortés.

Die Vorzeichen

Das erste böse Omen: Zehn Jahre bevor die Spanier in dieses Land kamen, erschien nachts ein böses Vorzeichen am Himmel. Es war wie die Glut der Morgenröte, wie eine Feuerflamme, wie eine lodernde Feuergarbe. Die Flamme brannte breit und schoß spitz in die Höhe, mitten hinein in das Herz des Himmels, und blutiges Feuer fiel wie aus einer Wunde in Tropfen herab.

Die Flamme zeigte sich im Osten und erhob sich zu voller Höhe um Mitternacht. Bis der Tag kam, züngelte sie gierig empor. Erst die Sonne besiegte sie mit der Morgenröte. Ein ganzes Jahr lang schien diese Flamme; im Jahr „Zwölf Haus" erschien sie uns Nacht für Nacht. Und als sie zuerst gesehen wurde, schrien die Leute vor Angst. Sie schlugen sich auf den Mund, waren bestürzt und verwirrt und fragten: „Was kann das bedeuten?"

Das zweite böse Omen: Der Tempel des Gottes Huitzilopochtli stand plötzlich in Flammen. Er brannte von selbst herab, niemand hatte ihn angezündet. Tlacateccan – Haus der Macht – hieß der heilige Platz, auf dem er gebaut war. Und nun steht er in Flammen, seine hölzernen Säulen brennen. Die Feuerzungen schießen heraus bis hoch in den Himmel. Schnell haben sie alle hölzernen Pfeiler des Tempels verzehrt. (...)

Das dritte böse Omen: Ein Blitzstrahl traf den Tempel Xiuhtecuhtlis, des Feuergottes. Er war aus Stroh gebaut und stand in Tzonmolco. Nur ein feiner Regen fiel an jenem Tage, und kein Donner war zu hören. Darum nahmen wir den Blitzstrahl als böses Zeichen und sagten: „Die Sonne selbst hat den Tempel getroffen."

Das vierte böse Omen: Feuer zog über den Himmel, als die Sonne noch schien. Es flog in drei Streifen dahin, von Westen nach Osten, und schüttete einen roten, heißen Funkenregen aus. Als die Leute den langen Schweif durch die Lüfte fegen sahen, schrien ihre angstvollen Stimmen wie tausend rasselnde Schellen.

Das fünfte böse Omen: Der Wind peitschte das Wasser, bis es aufschäumte. Es kochte vor Zorn, es zerkochte sich selbst in Raserei. Es rollte von weither heran, stieg hoch in die Luft und schmetterte gegen die Mauern der Häuser, riß sie weg in die Fluten. Das geschah an unserem See, in Mexiko.

Das sechste böse Omen: Nacht für Nacht hörte man eine weinende Frau. Um Mitternacht irrte sie umher und weinte und schrie laut und klagend: „Meine lieben Kinder, wir müssen fliehen aus dieser Stadt, ins Elend!" Und manchmal schluchzte sie: „Meine Kinder, wohin soll ich euch bringen?"

Das siebte böse Omen: Ein seltsamer Vogel wurde in den Netzen gefangen. Die Männer, die in den Seen fischen, fingen einen Vogel mit aschgrauem Gefieder. Er glich einem Kranich. Sie brachten ihn zu Motecuhzoma in das Schwarze Haus. Der Vogel trug einen Spiegel in der Federkrone seines

Kopfes. Der Spiegel war in der Mitte durchbohrt wie der Wirtel am Spinnrad, und der Nachthimmel spiegelte sich darin wider. Es war erst Mittag, aber die Sterne und mamalhuatzli, der Feuerbohrer, schienen doch in dem Spiegel. Als Motecuhzoma die Sternbilder sah, deutete er das als großes, unheilvolles Vorzeichen. Doch als er zum zweiten Male in den Spiegel blickte, sah er in der Ferne ein Schlachtfeld. Männer, in Reihen ausgerichtet wie Rohrschäfte, kamen eilig heran. Sie waren zum Kriege gerüstet und ritten auf den Rücken von Hirschen.

Motecuhzoma berief seine Zeichendeuter und Weisen und fragte: „Könnt ihr erklären, was ich gesehen habe? Geschöpfe wie menschliche Wesen, sie liefen und fochten…!"

Aber als sie in den Spiegel sahen, um das Bild zu deuten, war alles verschwunden, und sie sahen nichts.

Das achte böse Omen: Mißgestaltete Wesen erschienen auf den Straßen der Stadt, Menschen mit zwei Köpfen auf einem Leib. Man brachte sie in das Schwarze Haus zu Motecuhzoma. Doch als er sie ansah, verschwanden sie spurlos.

Codex Florentino.
Original in Náhuatl.
Nach der ersten verlorenen Fassung
von 1555 um 1585 neu geschrieben
unter der Leitung von
Fray Bernardino de Sahagún.
Buch XII, Kapitel 1

Die Ankunft der Götter

„Herr und König, es ist wahr, Fremde sind an die Küste des großen Meeres gekommen. Wir sahen, wie sie von einem kleinen Boot aus fischten. Einige hielten Ruten, andere warfen ein Netz. Sie fischten, bis es spät wurde. Dann fuhren sie zu ihren beiden großen Türmen zurück und stiegen hinein. Wir zählten ungefähr fünfzehn Leute. Einige trugen blaue Umhänge, andere rote, einige hatten auch sehr häßliche braune, wie unsere ichtilmatli. Einige hatten gar keinen Umhang. Auf dem Kopf trugen sie rote Tücher oder leuchtende scharlachrote Mützen, und einige hatten sich große runde Hüte aufgesetzt, die wie unsere comales aussehen und wohl vor der Sonne schützen sollten. Sie haben sehr helle Haut, viel heller als wir. Sie tragen alle lange Bärte, aber ihr Haar reicht nur bis an die Ohren." Als Motecuhzoma diesen Bericht angehört hatte, war er niedergeschlagen und sprach kein Wort.

Nach langem Schweigen sprach Motecuhzoma endlich: „Ihr seid die Häuptlinge meines eigenen Hauses und meines Palastes, euch kann ich mehr vertrauen und glauben als allen anderen, weil ihr mir immer die Wahrheit gesagt habt. Geht mit dem petlacálcatl, und bringt mir den eingekerkerten Mann, den macehual, der als Bote von der Küste kam."

Sie gingen nach dem Kerker, aber als sie die Türen öffneten, konnten sie den Gefangenen nirgendwo finden. Sie liefen zurück, um Motecuhzoma dies neue Ereignis zu melden. Er war noch verwirrter und noch erschrocke-

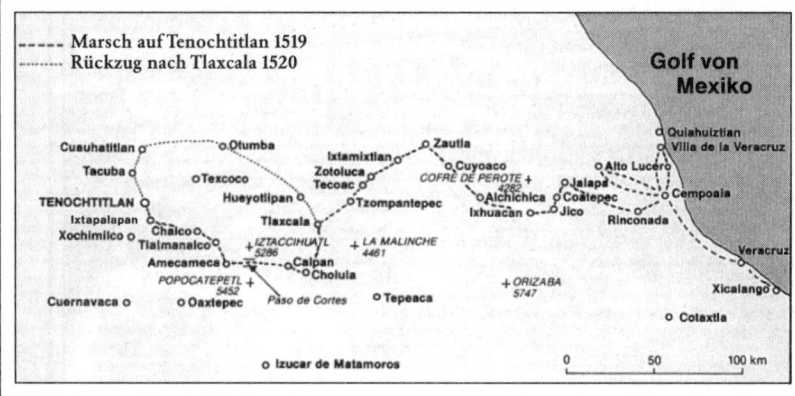

Die Route von Hernán Cortés.

ner als sie, aber er sagte: „Das scheint mir nicht unbegreiflich, denn es gibt viele Zauberer. Doch hört, was ich euch jetzt sage! Hört meine Befehle und verratet sie nicht, sonst werde ich euch unter meinen Hallen begraben, eure Frauen und Kinder töten lassen, euren Besitz einziehen, eure Häuser zerstören lassen bis auf den Grund, bis das Wasser des Sees hochsteigt, eure Eltern und euer ganzes Geschlecht will ich ausrotten lassen.

Nun hört: Bringt mir heimlich zwei der größten Künstler unter den Silberschmieden und zwei Steinschneider, die die Smaragde am geschicktesten bearbeiten.“

Sie gingen und kamen zurück und sagten zu ihm: „Herr, hier sind die Handwerker, die du uns zu holen befohlst.“

Motecuhzoma sagte: „Ruft sie herein!“

Sie traten ein, und Motecuhzoma sagte zu ihnen: „Kommt näher zu mir, meine Väter! Ihr sollt wissen, daß ich euch gerufen habe, damit ihr mir einige Sachen anfertigt. Aber hütet euch, zu irgend jemandem darüber zu sprechen; denn wenn ihr das tut, bedeutet es die Zerstörung eurer Häuser bis auf den Grund, den Verlust eurer Güter, Tod für euch, eure Frauen und Kinder und eure Verwandten. Alle werden dann sterben.

Jeder von euch soll zwei Gegenstände anfertigen, und zwar hier, unter meiner Aufsicht, ganz im geheimen, in diesem Palast.“

Er befahl dem ersten Handwerker: „Du machst ein Halsband, eine Kette aus Gold, mit vierfingerbreiten, sehr feinen Gliedern. Jedes einzelne Stück soll in der Mitte reichen Smaragdschmuck haben, und auch an den Seiten sollen Smaragde herunterhängen wie Ohrringe. Dann schmiede ein Paar goldene Armbänder, an denen Goldketten hängen. Und tu das mit Windeseile.“

Dem andern Handwerker befahl er, zwei große Fächer aus kostbaren Federn zu arbeiten. In der Mitte sollten sie auf einer Seite den goldenen Halbmond, auf der andern die goldene Sonne haben, so strahlend poliert, daß ihr Schein weithin glänzen würde. Er befahl ihm auch, zwei goldene Armspangen zu machen und sie reich mit Federn zu verzieren. Und beiden Steinschneidern gab er den Auftrag, für Hand- und Fußgelenke zwei Doppelbänder aus Gold mit feinen Smaragden zu verzieren.

Cronica Mexicana, geschrieben um 1598 von Alvarado Tezozómoc. Der einzige erhaltene Text ist in Spanisch überliefert. A. Tezozomóc schrieb die Cronica mexicáyotl in Náhuatl.

Die Begegnung

Da legte Motecuhzoma seinen glänzendsten Schmuck an und bereitete sich darauf vor, ihnen zu begegnen. Auch die anderen großen Fürsten schmückten sich und die Edlen und die Häuptlinge und die Krieger. Und sie alle zusammen gingen hinaus, um die Fremden zu empfangen. (…)

So ging Motecuhzoma aus, um sie zu treffen, dort in Huitzilan.

Er brachte dem Kapitän und seinen Anführern viele Geschenke – ihnen, die gekommen waren, den Krieg zu bringen. Er überschüttete sie mit Gaben, er hing ihnen Blumen um den Hals, er gab ihnen Halsketten aus Blumen, er legte ihnen Fesseln aus Blumen um die Brust, er setzte ihnen Blumenkränze auf den Kopf. Dann schmückte er sie mit goldenen Halsketten und gab ihnen Geschenke von allen Arten als Willkommensgaben.

Als Motecuhzoma jedem Halsketten gegeben hatte, fragte Cortés ihn: „Bist du Motecuhzoma? Bist du der König? Ist es richtig, daß du der König Motecuhzoma bist?" Und Motecuhzoma sagte: „Ja, ich bin es."

Dann stand er auf, um Cortés willkommen zu heißen. Er ging auf ihn zu, beugte den Kopf tief herab und redete ihn mit diesen Worten an:

„Herr, du bist müde! Die Reise hat dich erschöpft, aber nun bist du auf der Erde angekommen. Du bist gekommen, in deine Stadt, nach Mexiko. Du bist hierhergekommen, um auf deinem Thron zu sitzen, um unter deinem Thron-Himmel zu sitzen. Die Könige, die schon dahingegangen sind, deine Stellvertreter, haben ihn geschützt und bewahrt für deine Ankunft. Die Könige Itzcóatl, Motecuhzoma der Ältere, Axayácatl, Tízoc und Ahuítzotl haben für dich geherrscht in der Stadt Mexiko. Das Volk wurde geschützt durch ihre Schwerter und beschirmt durch ihre Schilde.

(…) Nein, es ist kein Traum. Ich gehe nicht im Schlaf. Ich sehe dich nicht in meinen Träumen…Ich endlich habe dich gesehen. Ich sehe dich von Angesicht zu Angesicht. Ich war in Todesfurcht, fünf Tage lang, zehn Tage lang, meine Augen starrten in das Reich des Wunders.

Und nun bist du gekommen, aus den Wolken und Nebeln, um wieder auf deinem Thron zu sitzen.

Dies war geweissagt von den Königen, die deine Stadt verwalteten. Und nun ist es eingetreten. Du bist zu uns zurückgekommen, du bist aus dem Himmel herabgekommen. Ruhe dich nun aus. Nimm Besitz von deinen königlichen Schlössern.

Willkommen in eurem Land, meine Götter!"

Als Motecuhzoma geendet hatte, übersetzte Malintzin seine Rede ins Spanische, so daß der Kapitän sie verstehen konnte. Cortés antwortete in seiner seltsamen und wilden Sprache. Zuerst sagte er zu Malintzin: „Sag Motecuhzoma, daß wir seine Freunde sind. Es gibt nichts zu fürchten. Schon seit langer Zeit wollten wir ihn gern sehen, und nun haben wir ihn gesehen und seine Worte gehört. Sag ihm, daß wir ihn schätzen und daß wir zufrieden sind."

Dann sagte er zu Motecuhzoma: „Wir sind als Freunde zu deinem Schloß in Mexiko gekommen. Du hast nichts zu befürchten."

Malintzin übersetzte diese Rede. Und die Spanier griffen nach Motecuhzomas Händen und klopften ihm auf den Rücken, um ihm ihre Zuneigung zu zeigen.

Dann untersuchten die Spanier alles genau, was sie sahen. Sie stiegen von ihren Pferden herab, bestiegen sie wieder und stiegen wieder herab, um sich nichts von all dem Neuen entgehen zu lassen.

Die Fürsten, die Motecuhzoma begleiteten, waren: Cacama, der König von Tezcoco, Tetlepanquetzaltzin, der König von Tlacopan, Itzcuauhtzin, der Statthalter von Tlatelolco, Topanté-moc, Motecuhzomas Schatzverwalter in Tlatelolco. Diese vier Fürsten standen in einer Reihe hintereinander. Die anderen Fürsten waren: Atlixcatzin, der Tlacatécatl, Tepeoatzin, der Tlacochcálcatl, Quetzalaztatzin, der Tizacahuácatl, Totomotzin, Hecateupatiltzin, Cuappiatzin.

Als Motecuhzoma gefangengenommen wurde, flohen sie alle. Sie rannten davon, versteckten sich, verließen ihn treulos.

Der Verrat

Als die Spanier den königlichen Palast betreten hatten, ergriffen sie Motecuhzoma, nahmen ihn in Gewahrsam, stellten ihn unter Aufsicht. Auch Itzcuauhtzin stellten sie unter Bewachung, den anderen Fürsten wurde erlaubt, sich zu entfernen.

Dann feuerten sie ein Geschütz ab, und große Verwirrung entstand in der Stadt. Das Volk stob auseinander, es floh ohne Sinn und Verstand, es rannte davon wie gejagt, als ob giftige Pilze oder Wundererscheinungen die Sinne verwirrten. Alle waren von Angst überwältigt, hatten feige Herzen. Und als die Nacht niederfiel, brütete Furcht über der Stadt, kroch in die Häuser und lauerte noch in den Träumen.

Am Morgen teilten die Spanier Motecuhzoma mit, was sie an Verpflegung und Vorrat benötigten: weiße Maiskuchen, gebratene Truthühner, Eier, frisches Wasser, Feuerholz, Kohlen, dazu große saubere Kochtöpfe, Wasserkrüge, kleine Krüge, Schüsseln und anderes Tongerät.

Motecuhzoma befahl, daß man es ihnen gäbe. Die Häuptlinge, die diese Befehle entgegennahmen, waren zornig auf den König. Sie gehorchten ihm nicht und achteten ihn nicht länger.

Aber die Spanier wurden trotzdem mit allem Nötigen versorgt, sie erhielten Speisen, Getränke und Wasser und Futter für ihre Pferde.

Als die Spanier sich im Palast eingerichtet hatten, fragten sie Motecuhzoma nach dem Staatsschatz aus, nach den Rangabzeichen der Krieger, nach den Schilden. Sie bedrängten ihn hart und dann verlangten sie: Gold! Motecuhzoma willigte ein, sie zu den Schätzen zu führen. Sie umdrängten ihn, kamen nahe an ihn heran mit ihren Waffen. Er ging in der Mitte, sie schlossen ihn ein, in einem dichten Kreis.

Als sie am Teucalco, dem großen Schatzhaus waren, wurden die Reichtümer ihnen gezeigt: der Goldschmuck, die Federn, der Federschmuck, die reichverzierten Schilde, die goldenen Brustscheiben, die Geschmeide der Götterbilder, die goldenen Nasenpflöcke, die goldenen Beinschienen, die goldenen Handgelenkriemen und die kostbaren Kronen. Die Spanier rissen sofort die wertvollen Federn von allen goldenen Schilden und Abzeichen weg. Alles Gold rafften sie zu einem Haufen. An die anderen Kostbarkeiten legten sie Feuer, und alles verbrannte. Das Gold schmolzen sie ein zu Barren, und von den wertvollen grünen Edelsteinen nahmen sie nur die besten, die anderen stahlen die Tlaxcalteken. Das ganze Schatzhaus durchwühlten die Spanier, sie drängten und fragten und griffen nach allem, was ihnen gefiel.

Codex Florentino. Buch XII,
Kapitel 16, 17 und 18

Die Azteken erbaten von Motecuhzoma Erlaubnis, dem Gott Huitzilopochtli sein Fest auszurichten. Die Spanier wünschten, dieses Fest anzusehen, sie wollten betrachten, wie es gefeiert würde. Eine Abordnung der Priester kam zu dem Palast, in dem Motecuhzoma gefangen war, und ihr Sprecher bat ihn, nun seine Zustimmung zu geben. Er gewährte sie ihnen. (…)

Die Spanier kamen alle zusammen aus dem Palast, sie waren wohlgerüstet in ihren Panzern und trugen Waffen. Stolz schritten sie mitten unter die Weiber, betrachteten sie, eins nach dem andern. Sie starrten ihnen frech ins Gesicht, diesen Weibern, die die Samen mahlten.

Nach dieser kaltblütigen Prüfung kehrten sie in den Palast zurück. Wie man jetzt weiß, planten sie, die Festteilnehmer erst dann zu töten, wenn die Männer den Innenhof betreten hätten. (…)

Die größten Häuptlinge, die tapfersten Krieger, tanzten an der Spitze und führten die andern an. Die jüngeren folgten ihnen, aber sie hielten den gehörigen Abstand. Einige trugen ihr Haar noch im langen Schopf der Knaben, sie hatten noch keinen Gefangenen heimgebracht. Andere trugen das Haar krugförmig geschnitten, nur bis zu den Schultern, sie hatten Gefangene heimgebracht, aber mit Hilfe anderer. Die Anführer der jungen Mannschaft, die „junge Krieger" heißen, kamen dann; jeder von ihnen hatte einen Feind heimgebracht oder zwei. Die Großen riefen ihnen zu: „Ihr müßt noch beweisen, wie tapfer ihr seid. Zeigt uns, was ihr könnt, tanzt mit aller Kraft!"

Als der Reigentanz sich zu den schönsten Figuren fügte und Gesang sich an Gesang schloß, an diesem Höhepunkt des Festes ergriff Mordlust die Spanier. Sie stürmten vor, bewaffnet und wie zum Kriege gerüstet. Sie verschlossen alle Ausgänge und Tore des Innenhofes, die Adlerpforte am Kleinen Palast, das Tor an der Rohrspitze und das an der Spiegelschlange. Sie stellten Wachen auf, so daß niemand entkommen konnte. Und dann stürzten sie in den geheiligten Innenhof, um die Feiernden zu schlachten. Sie kamen zu Fuß, sie trugen ihre Eisenschwerter in den Händen und ihre Holzschilde und ihre Eisenschilde. So stürmten sie mitten unter die Tänzer und erzwangen sich einen Weg dorthin, wo die Pauken geschlagen wurden. Sie griffen den Mann an, der trommelte, und schlugen ihm die Arme ab. Dann schlugen sie ihm den Kopf ab, und er rollte weithin über den Boden. Dann griffen sie die Tanzenden an, erstachen sie, spießten sie auf, erschlugen sie mit ihren Schwertern. Einige durchbohrten sie von hinten, die fielen mit heraushängenden Eingeweiden zu Boden. Andere enthaupteten sie; erst spalteten sie ihnen den Kopf und schlugen ihn dann in kleine Stücke. Andere trafen sie an den Schultern, in klaffenden Wunden öffnete sich ihr Rücken. Einigen rissen sie die Arme vom Körper. Einige stachen sie in die Schenkel und in die Waden. Anderen schlitzten sie den Bauch auf, und die Eingeweide flossen auf den Boden. Manche versuchten vergeblich, noch wegzurennen, doch ihre Gedärme schleiften vor ihnen, und mit ihren eigenen Füßen verfingen sie sich darin. Auf welche Weise sie sich auch zu retten suchten, sie konnten nicht entkommen.

Einige versuchten, sich einen Weg nach draußen zu erzwingen, aber die Spanier ermordeten sie an den Toren. Andere kletterten an den Wänden hoch, aber die Spanier spießten sie auf, und sie konnten sich doch nicht retten. Einige flüchteten in die Priesterhäuser und waren dort eine Weile in Sicherheit. Auch die sich zwischen die Toten legten, sich unter ihnen versteckten, als ob sie auch Leichen wären, fanden dort Schutz. Aber sobald sie sich wieder aufrichteten, sich nur ein wenig rührten, stachen die Spanier zu und ermordeten sie auch.

Das Blut der Häuptlinge floß wie Wasser und sammelte sich in Pfützen. Die Pfützen flossen zusammen und machten den ganzen Tempelhof zu einer großen, schlüpfrigen Fläche. Der Gestank des Blutes und der Gedärme füllte die Luft. Und die Spanier rannten nun in die Priesterhäuser und töteten alle, die sich dort noch verbargen. Sie liefen überallhin und durchsuchten alles, in alle Räume drangen sie ein, jagten und mordeten.

Codex Florentino, Buch XII

Die Flucht

Und eines Nachts, um Mitternacht, schlichen die Spanier und die Tlaxcalteken aus dem Palast. Sie kamen in einem dichten Zug, an der Spitze gingen die Spanier, und die Verbündeten dicht dahinter bildeten einen Wall um sie herum. Der Himmel war bewölkt, und Regen fiel herab während der ganzen Nacht, ein feiner Regen, wie Tau.

Die Spanier trugen hölzerne Brücken mit sich, die legten sie über die Kanäle, die sie überqueren mußten. Sie setzten die Brücken nieder, gingen darüber und hoben sie dann wieder auf. Die ersten drei Kanäle überschritten sie ungesehen, ungehindert kamen sie über den Tecpantzinco, den Tzapotlan und den Atenchicalco. Aber als sie den vierten erreichten, den Mixcoatechialtitlan, wurde ihr Rückzug entdeckt.

Ein Weib, das Wasser schöpfte an diesem Kanal, sah sie und schrie: „Mexikaner, kommt schnell herbei! Eure Feinde fliehen! Heimlich fliehen sie über den Kanal!"

Dann schrie ein Priester Huitzilopochtlis. Hoch von der Tempelpyramide aus rief er sie zu den Waffen. Seine Stimme gellte weit über die Stadt: „Häuptlinge, Krieger, Mexikaner! Unsere Feinde fliehen! Folgt ihnen in den Kriegsbooten! Schneidet ihnen den Weg ab, erschlagt sie!"

Auf diesen Ruf antwortete zorniges Kriegsgeschrei. Die Krieger sprangen in ihre Boote, verfolgten die Feinde mit kräftigen Ruderschlägen. Die Kriegsboote aus Tenochtitlan stießen mit denen aus Tlatelolco zusammen, bemannt mit vielen tapferen Kämpfern, und gemeinsam nahmen sie dann die Verfolgung auf. (...)

Von beiden Seiten des Dammes stießen die Boote auf die Spanier zu. Wie ein Sturm fielen die Speere nieder auf das fliehende Heer. Aber auch die Spanier hielten an und schossen auf die Azteken, sie schossen ihre Eisenbolzen und Feuergewehre ab. Die Spanier und Tlaxcalteken hatten große Verluste, aber auch viele aztekische Krieger wurden getötet oder verwundet.

Als die Spanier Tlaltecayohuacan erreichten und den Toltekenkanal, stürzten sie sich kopfüber ins Wasser, wie von einem Felsen sprangen sie hinab. Die Tlaxcalteken, die Verbündeten aus Tliliuhquitepec, das spanische Fußvolk, die Reiter, die wenigen Frauen, die das Heer begleiteten, alle kamen an das steile Ufer und sprangen hinab. Bald war der Kanal vollgestopft von den Körpern der Menschen und Pferde; die Ertrunkenen füllten die Löcher im Damm mit ihren Leibern aus. Und die nach ihnen kamen, gingen über die Leichen an das andere Ufer. (...)

Die Azteken verfolgten das spanische Heer auf dem ganzen Weg nach Tlacopan. Und als sie die Spanier aus Tlilyuhcan vertrieben, wurde Chimalpopoca, der Sohn Motecuhzomas, im Kampf getötet. (...)

Die Spanier setzten nun über den Tepzólatl, einen kleinen Fluß, und dann über den Tepzolac und den Acueco und stiegen dann nach Otoncalpulco hinauf, da ruhten sie aus. Dort im Tempelhof, der einen schützenden Holzwall hat, fanden sie Sicherheit und schöpften Atem.

Dort begrüßte sie der Häuptling von Teocalhueyacan mit seinem Gefolge. Er trug den Beinamen „der

Otomí", ein Titel, der nur den Fürsten zukommt. Er begrüßte sie und bot ihnen Willkommensgaben an, die seine Diener herbeigetragen hatten: Weiße Maiskuchen, Eier, gebratene Truthühner, lebende Truthühner und Früchte legten sie vor dem Kapitän auf den Boden nieder. Und der Fürst sagte: „Ihr seid ermattet, Gebieter, ihr habt viel Pein erduldet. Wir bitten die Götter, nun auszuruhen und sich an diesen Gaben zu erquicken." Malintzin sagte: „Herr, der Kapitän wünscht zu erfahren, woher ihr kommt."

Er antwortete: „Sag unserem Herrn, daß wir aus Teocalhueyacan kommen. Sage ihm, daß wir hoffen, daß er auch dort sein Haus besucht."

Malintzin sagte: „Der Kapitän dankt euch. Wir werden kommen, morgen oder am übernächsten Tag."

Als die Morgenröte erschien nach der großen Schlacht, ging das Volk von Tenochtitlan daran, die Kriegsbeute zu bergen. Die Azteken zerrten die toten Spanier und Tlaxcalteken aus den Kanälen und zogen sie aus, nahmen ihnen alles ab, was sie trugen. Sie luden die Leichen der Tlaxcalteken in Boote und fuhren sie dorthin, wo das Röhricht wächst. (...)

Aber die Leichen der Spanier trug man an einen anderen Platz und legte sie dort, in Reihen ausgerichtet, nieder. So weiß wie die jungen Binsenschößlinge war ihr Fleisch, so weiß wie Agavenkeime.

Auch die toten Hirsche zog man heraus, die die Götter auf dem Rücken getragen hatten.

Codex Florentino. Buch XII,
Kapitel 23, 24 und 25

Die Eroberung

Im dreizehnten Monat, während die Spanier in Tlaxcala verborgen blieben, brach hier in Tenochtitlan die große Seuche aus. Sie verbreitete sich rasch und wütete siebzig Tage. Sie legte sich auf die Menschen, schlug sie nieder, überall in der Stadt, und tötete unzählige aus unserem Volk. Geschwüre brachen in unseren Gesichtern auf, an unseren Brüsten, an unseren Leibern, mit schwärenden Wunden waren wir überkrustet von Kopf bis Fuß. So schrecklich war die Krankheit, daß niemand mehr stehen und gehen konnte. Die Kranken lagen wie Leichen hilflos auf ihren Betten, sie konnten die Glieder nicht rühren, den Kopf nicht heben. Auf ihren Lagern konnten sie sich nicht wenden, sich nicht auf die Seite drehen, nicht mit dem Gesicht nach unten legen. Wenn sie versuchten, sich zu bewegen, schrien sie vor Schmerz.

Sehr viele starben an dieser Seuche, andere starben vor Hunger. Niemand konnte die Kranken versorgen, sie konnten nicht aufstehen, sich keine Speisen holen, und so starben sie, alleingelassen auf ihren Schlafstätten.

Einige hatten den Ausschlag nicht am ganzen Körper, nur an einigen Stellen bildeten sich Pusteln, sie litten weniger, und manche wurden wieder gesund. Aber auch sie waren für ihr Leben geschlagen, denn ihre Gesichter blieben entstellt und verwüstet. Wo eine Wunde geschwärt hatte, quetschte sie eine Grube in die Haut, so tief, daß sie nie mehr verwuchs. Einige verloren so auch die Nase oder ein Auge, andere erblindeten ganz. (...)

Tod Motecuhzomas II., der nach der von den Spaniern verbreiteten Legende von seinem eigenen Volk ermordet wurde.

Die ersten Opfer gab es beim Fest Teotleco, und die Gesichter unserer Krieger waren nicht eher sauber und frei von Ausschlag, bis das Fest Panquetzalitztli anbrach.

Und dann kamen die Spanier wieder zurück. Aus Tezcoco marschierten sie heran und schlugen in Tlacopan ihr Lager auf. Dort teilten sie sich. Pedro de Alvarado erhielt den Oberbefehl über die Truppen, die nach Tlatelolco marschieren sollten. Cortés selbst übernahm es, den Coyoacanbezirk und die Straße von Acachinanco nach Tenochtitlan zu besetzen. Er wußte, daß der Häuptling von Tenochtitlan ein sehr tapferer Mann war.

Das erste Gefecht begann vor Tlatelolco, bei Nextlatilolco oder bei Iliacac. Dann flackerte es wieder in Nonohualco auf. Unsere Krieger schlugen den Feind in die Flucht, und nicht ein einziger Azteke wurde getötet. Die Spanier versuchten einen zweiten Vorstoß, aber unsere Krieger griffen sie von den Booten aus an, und ein solcher Speerregen ergoß sich über die Spanier, daß sie wieder zum Rückzug gezwungen wurden.

Cortés jedoch setzte sich nach Acachinanco in Marsch und erreichte sein Ziel. Er verlegte sein Hauptlager dorthin, direkt vor die Stadt. Heftige Kämpfe entwickelten sich, doch die Azteken konnten ihn nicht vertreiben.

Schließlich kamen die Schiffe, zwölf an der Zahl, von Tezcoco kamen sie und ankerten bei Acachinanco. Cortés untersuchte die Kanäle, um den besten Einfahrtsweg für seine Flotte zu finden. Er wollte wissen, welcher der geradeste, kürzeste, tiefste und beste wäre, damit seine Schiffe nicht auf den Grund gerieten oder steckenblieben. (...)

Nun beschlossen die Spanier endgültig, Tenochtitlan anzugreifen und die Bevölkerung auszurotten.

Die Geschütze wurden in die Schiffe gehoben, die Segel wurden aufgezogen, und die Flotte trieb auf den See hinaus. Das Schiff mit der großen Fahne aus Leinen, die das Wappen des Kapitäns zeigte, führte die anderen an. Die Soldaten schlugen die Trommeln und bliesen die Hörner, die Holzflöten, Chirimias und Pfeifen. Als die Schiffe sich dem Zoquiapanbezirk näherten, erschrak das Volk bei dem Anblick. Die einfachen Leute, die dort wohnten, griffen nach ihren

Kindern, hoben sie in die Boote und flohen. Aus Leibeskräften ruderten sie über den See, kopflos vor Furcht. Alle ihre Habe ließen sie zurück, stürzten aus ihren kleinen Häusern, ohne sich umzusehen.

Unsere Feinde begannen unser Besitztum zu plündern. Sie nahmen alles weg, was sie fanden. Große Bündel schleppten sie auf die Schiffe. Sie stahlen unsere Mäntel und Decken, Kriegsschmuck, Trommeln und Pauken. Alles schleppten sie weg. Die Tlatelolca verfolgten sie mit ihren Kriegsbooten und griffen die Spanier an, aber sie konnten von dem Geraubten nichts mehr retten.

Als die Spanier Xoloco erreichten, den Eingang nach Tenochtitlan, sahen sie, daß die Azteken eine Mauer errichtet hatten, die mitten über den Weg führte und ihn versperrte. Mit vier Schüssen aus ihrem größten Geschütz zerstörten sie diese Mauer. Der erste Schuß tat ihr noch nicht viel an, aber der zweite ließ Splitter fliegen und der dritte öffnete ein großes Loch. Mit dem vierten Schuß wurde die Mauer in Trümmern zu Boden geschleudert. (…)

Als die Azteken entdeckten, daß die Kugeln der Geschütze und die Eisenbolzen immer nur geradeaus flogen, lief keiner mehr nach vorn. Sie entkamen nach rechts oder links, wichen schräg aus oder flohen hierhin und dorthin, in Zickzackreihen. Wenn sie merkten, daß das Geschütz losgehen würde und sie nicht mehr wegrennen konnten, warfen sie sich auf den Boden, duckten sich flach an die Erde, bis die Kugeln über sie hinweggeflogen waren. (…)

Dann kamen die Spanier in Huitzilan an. Dort war wieder eine Mauersperre errichtet. Hinter ihr lagen viele unserer Krieger verborgen, um vor dem Kugelregen Schutz zu suchen.

Die Schiffe kamen näher und legten an. Sie hatten unsere Kriegsboote bis auf den offenen See hinaus verfolgt und beinahe in den Grund gebohrt. Da wendeten sie plötzlich und segelten auf den Dammweg zu. Dicht bei den Häusern warfen sie Anker, und sobald die Geschütze im Bug wieder geladen waren, richteten die Soldaten die Rohre gegen die Mauer und feuerten.

Schon der erste Schuß spaltete die Mauer an vielen Stellen, aber sie blieb noch stehen. Sie feuerten noch einmal, und da stürzte die ganze Mauer in großen Brocken zur Erde nieder. (…)

Unsere Feinde stiegen nun von den Schiffen herunter und füllten den Kanal aus. Steine von der zerschmetterten Mauer, Holzstücke und Ziegelbrocken von den zerstörten Häusern, alles, was sie finden konnten, schleuderten sie eilig in das Wasser, bis es zugeschüttet war. Dann preschte ein Trupp von ungefähr zehn Reitern vorwärts. Sie galoppierten hin und her, untersuchten beide Seiten der Straße, liefen im Kreis herum und trappelten vor und zurück. Dann kam noch eine andere Abteilung, um sie zu verstärken.

Einige Tlatelolca waren in ihrer Verwirrung in den Palast geflohen, in dem Motecuhzoma zuletzt gewohnt hatte, bevor er erschlagen wurde. Als sie voller Furcht wieder herausliefen, stießen sie auf die Reiterei. Der Anführer erstach einen der Tlatelolca, aber der todwunde Mann hielt noch die Lanze fest, hängte sich daran.

Seine Freunde liefen ihm zu Hilfe, rissen dem Reiter die Lanze aus der Hand, zerrten ihn rücklings aus dem Sattel, schlugen und stießen ihn, als er mit dem Rücken am Boden lag, und hieben ihm dann den Kopf ab.

Die Spanier sammelten sich nun alle und marschierten bis zur Adlerpforte. Dort stellten sie ihre Geschütze auf. (...)

Die Spanier verloren keine Zeit, sie luden, und ihre Geschütze spien Feuer aus. Der Rauch brach in schwarzen Wolken hervor, die den Himmel verdunkelten. Nacht schien herabzufallen. Die Krieger, die sich hinter den Säulen verbargen, verließen ihr Versteck und flohen, die auf den Dächern sprangen entsetzt herab und rannten davon. Und als der Rauch sich hob, konnten die Spanier nicht einen einzigen Azteken erblicken.

Da schoben sie ihr größtes Geschütz weiter vor und stellten es auf dem geheiligten Opferstein auf. Die Priester Huitzilopochtlis riefen vergeblich den Gott zu Hilfe. Sie begannen sofort auf der Spitze der Pyramide die großen heiligen Holzpauken zu schlagen. Der tiefe, pochende Herzschlag der Pauken hallte über die Stadt, rief verzweifelt die Krieger auf, das Heiligtum ihres Gottes zu verteidigen.

Doch zwei spanische Soldaten stiegen die Treppe zu der Tempelplattform empor, schlugen die Priester mit ihren Schwertern nieder und warfen sie, mit dem Kopf voran, in den Abgrund.

Die großen Krieger und Häuptlinge, die in den Kriegsbooten gekämpft hatten, kamen aber nun zurück und landeten. Die Jünglinge und die jüngsten Krieger führten die Ruder, und die Kämpfer sprangen ans Ufer, liefen durch die Straßen, jagten die Feinde und schrien: „Mexikaner, kommt, sucht sie!"

Die Spanier, bedroht durch den plötzlichen Angriff, schlossen sich zusammen, umklammerten die Griffe ihrer Schwerter fester. Dann prallten die Gegner aufeinander, über dem Kampfgewühl stiegen die Kriegsschreie auf. Die Azteken griffen von allen Seiten den Platz an, die Luft war schwarz vom Gewehrrauch und von den Pfeilen. So wütend war der Kampf, daß sich alle zurückziehen mußten. Die Azteken gingen nach Xoloco. Dort schöpften sie Atem, dort pflegten sie ihre Wunden. Die Spanier flohen in ihr Lager nach Acachinanco. Sie ließen das große Geschütz auf dem geheiligten Stein zurück. Später schleppten die Krieger der Mexikaner es weg, schoben es an den Rand des Kanals und versenkten es dort im Wasser. Am Platz der „Steinernen Kröte" versank es.

Inzwischen suchte das Volk Zuflucht im Tlatelolcobezirk. Tenochtitlan wurde von seinen Bewohnern verlassen. An diesem Tage zogen sie alle davon und weinten und klagten wie Weiber. Männer suchten nach ihren Frauen, Väter trugen ihre kleinen Kinder auf den Schultern. So viele Tränen flossen aus Verzweiflung und Kummer. (...)

Am folgenden Tage kamen zwei Schiffe, mit Truppen besetzt, und die Spanier vereinigten alle ihre Streitkräfte in den Außenbezirken von Nonohualco. Die Soldaten verließen die Schiffe, stiegen ans Land, und die ganze große Armee zog auf den schmalen Wegen an den Häuserreihen entlang mitten in das Herz von Tenochtitlan. Wohin sie auch kamen, sie fanden nur verlassene Straßen. Kein Azteke zeigte sich mehr. Niemand war mehr zu sehen.

Nur der große Häuptling Tzilacatzin, ein sehr tapferer Mann, griff sie an. Er trug drei große runde Mauersteine, einen in der Hand, zwei in seinem Schild. Die schleuderte er auf die Spanier, und sie wandten sich um und flohen wieder aus der Stadt.

Tzilacatzin war ein Otomí, diesen Häuptlingstitel trug er, und er hatte sein Haar wie die Otomí geschnitten. Er verachtete alle seine Feinde, die Spanier und ihre Verbündeten; alle zitterten vor Schrecken, wenn sie ihn nur sahen, und duckten sich angstvoll nieder. (…)

Manchmal trug er seine Rangabzeichen, seinen Lippenpflock, seine goldenen Ohrpflöcke und seinen Halsschmuck aus Schneckengehäusen und ließ seinen Kopf unbedeckt, um als Häuptling, als Otomí, zu erscheinen. Manchmal trug er nur seinen Baumwollpanzer und umwickelte seinen Kopf mit einem dünnen Tuch. Manchmal trug er den Schmuck eines Huehueteotl-Priesters, einen Federhelm mit einer Haarperücke, der an den Rändern mit Adlerabzeichen verziert ist, glänzende goldene Handgelenkriemen an beiden Armen und goldene Wadenfellringe an beiden Knöcheln. Das war die Tracht eines Dieners Huehueteotls, eines „Ins-Feuer-Werfers".

Doch die Spanier kamen wieder. Schon am nächsten Tage brachten sie ihre Schiffe bei Nonohualco, am Nebelhaus, ans Land. Auch das spanische Fußvolk marschierte zusammen mit den verbündeten Tlaxcalteken

dorthin. Die Truppen stellten sich auf und griffen die aztekischen Krieger an. Und als sie in Nonohualco eingedrungen waren, entbrannten die heftigsten Kämpfe. Kein Feind und keiner unserer eigenen Krieger blieb unverwundet. Große Verluste gab es auf beiden Seiten, der Tod hielt reiche Ernte. Den ganzen Tag bis in die Nacht hinein wurde gekämpft.

Nur drei große Häuptlinge wandten das Gesicht niemals ab, achteten ihre Feinde für nichts, verachteten ihren eigenen Leib.

Der erste war Tzoyectzin, der zweite Temoctzin und der dritte der große Tzilacatzin.

Zuletzt waren die Spanier zu erschöpft, um noch weiterzukämpfen. Nach einem letzten, vergeblichen Versuch, die Reihen der Mexikaner zu durchbrechen, zogen sie sich in ihr Lager zurück, um sich auszuruhen und zu erholen. Und mit ihnen schleppten sich ihre Verbündeten.

Codex Florentino. Buch XII,
Kapitel 28 – 32

Am Tage, als Tenochtitlan eingenommen wurde, begingen die Spanier eine der größten Grausamkeiten, die das unglückliche Volk dieses Landes je traf. Die Schreie der hilflosen Frauen und Kinder waren herzzerreißend. Die Tlaxcalteken und die anderen Feinde der Azteken rächten sich mitleidslos für alte Beleidigungen. Sie raubten alles, was sie finden konnten. Nur Prinz Ixtlilxóchitl von Tezcoco, der auch mit Cortés verbündet war, fühlte Mitleid mit den Azteken, die aus seinem eigenen Heimatland waren. Er hielt seine Untertanen davon zurück, die Frauen und Kinder so grausam zu quälen, wie es Cortés und die Spanier taten. (…)

Cortés marschierte durch die Stadt, Ixtlilxóchitl und Sandoval, der Befehlshaber der Schiffe, fuhren über den See heran. Man hatte Ixtlilxóchitl benachrichtigt, daß Cuauhtémoc und seine Gefolgsleute sich versammelten, um in ihren Booten zu entkommen.

Es war ein erbarmungswürdiger Anblick, den Schmerz und die Verwirrung unserer Gegner zu sehen. Die Krieger drängten sich auf den Dächern zusammen und starrten in betäubtem Schweigen auf die Trümmer ihrer Stadt, die Frauen und Kinder und die alten Männer weinten. Die Fürsten und die großen Häuptlinge umringten ihren König in den Booten.

Auf ein gegebenes Zeichen griffen unsere Streitkräfte die Feinde an. Wir drangen so rasch vorwärts, daß wir sie in wenigen Stunden vollständig geschlagen hatten. Unsere Segelschiffe und Boote griffen ihre Flotte an, sie konnte uns nicht standhalten und zerstreute sich in allen Himmelsrichtungen, während wir sie verfolgten. (…)

Als Cuauhtémoc sah, daß der Feind ihn überholte, befahl er dem Ruderer zu wenden, auf unser Schiff zuzuhalten und sich auf einen Kampf vorzubereiten. Er ergriff seinen Schild und seine macana und war entschlossen, das letzte Gefecht zu beginnen. Aber er mußte einsehen, daß der Feind ihn mit Armbrust und Muskete überwältigen würde.

Da ließ er die Arme sinken und ergab sich.

García de Olguín brachte ihn zu Cortés, der ihn mit allem Respekt empfing, der einem König gebührt.

Cuauhtémoc legte die Hand auf den Dolch des Kapitäns und sagte: „Ich habe alles getan, was ich konnte, um mein Königreich vor deinen Händen zu retten. Das Glück hat sich gegen mich gestellt. Ich bitte dich, nimm nun mein Leben. Mach ein Ende mit dem Königtum von Mexiko. Das ist nur recht und billig. Denn du hast meine Stadt schon zerstört und mein Volk getötet." (…)

Cuauhtémoc stieg sogleich auf einen hohen Turm und rief seinen Kriegern zu, den Kampf zu beenden, denn alles sei dem Feind zugefallen. Von den 300 000 Kriegern, die die Stadt verteidigt hatten, waren noch 60 000 übriggeblieben. Als sie ihren König hörten, legten sie ihre Waffen nieder, und die großen Häuptlinge kamen auf ihn zu, um ihm beizustehen.

Ixtlilxóchitl hatte Verlangen danach, Cuauhtémoc die Hand zu reichen. Der Prinz kam in einem der Segelschiffe an, das verschiedene Angehörige der aztekischen Fürstengeschlechter zu Cortés brachte, unter ihnen Tlacahuepantzin, den Sohn

Motecuhzomas, und die Königin Papantzin Oxómoc, die Witwe des Königs Cuitláhuac. Ixtlilxóchitl führte sie zum Kapitän. Dann ordnete er an, daß die Königin und die anderen Frauen nach Tezcoco gebracht und dort unter Schutzwache gehalten werden sollten.

Nachdem die Stadt geplündert worden war, teilten die Spanier noch am selben Tage alles Gold und Silber unter sich, die Federn und kostbaren Steine ließen sie den Häuptlingen von Tezcoco, Mäntel und andere Dinge den Kriegern.

Die Belagerung von Tenochtitlan dauerte den Geschichtsdarstellungen, Bildererzählungen und Chroniken zufolge genau achtzig Tage. Während dieser Zeit wurden von den mehr als 200 000 Männern aus dem Königreich Tezcoco, die auf der Seite der Spanier kämpften, 30 000 getötet.

Mehr als 240 000 Azteken wurden getötet, fast der gesamte Adel wurde ausgerottet. Nur einige Fürsten und Edle und die kleinen Kinder blieben am Leben.

De la venida de los españoles y principio de la ley evangélica.
Aus: Relación XIII

Zerbrochene Speere liegen auf allen Wegen / In unserem Gram haben wir uns das Haar zerrauft / Unsere Häuser verloren die schützenden Dächer / Sie haben jetzt rote Wände, vom Blut.

Würmer kriechen auf Straßen und Plätzen / Mit Kot und Blut sind die Mauern getüncht / Das Wasser ist rot wie Gerberlohe / Und wenn wir es trinken / Schmecken wir Tränen.

An den staubigen Ziegelmauern / Zerstoßen sich die leeren Hände / Wir haben unser Erbe verloren, unsere Stadt ist tot / Die Schilde unserer großer Krieger / Retteten nichts.

Wir haben trockene Zweige und Schilfgras gekaut / Mit Staub und Ziegelbrocken stopften wir uns den Mund / Wir haben Eidechsen, Ratten und Würmer gegessen ...

Wenn wir Fleisch hatten, aßen wir es fast roh / Wenn es kaum auf dem Feuer war / Griffen wir schon danach und verschlangen es.

Man setzte einen Kopfpreis auf uns alle / Auf die jungen Männer, die Priester, die Knaben und Mädchen.

Ein armer Mann war nur zwei Handvoll Mais wert / Oder zehn Mooskuchen oder zwanzig salzige Queckenkuchen.

Gold, Jade, wertvolle Kleider, Quetzalfedern, / Alles was einst kostbar war, / Jetzt ist es wertlos ...

Manuscrito Anónimo de Tlatelolco.
Original in Náhuatl (1528)

Hernán Cortés berichtet seinem König, Karl V. von Spanien, von der Eroberung Tenochtitlans.

Da ich begriff, daß, wenn die Bewohner der Stadt sich gegen uns erheben wollten, die Anordnung der Straßen ihnen alle Trümpfe in die Hand geben würde, denn sie bräuchten, um uns auszuhungern, nur die Brücken wegzunehmen, ließ ich sofort nach meiner Ankunft in Mexiko vier Brigantinen bauen, die in kurzer Zeit vollendet wurden und die dreihundert Männer und all meine Reiter auf einmal transportieren können. (…)

Als der Tag anbrach, ließ ich all meine Leute sich vorbereiten und die großen Geschütze bringen; am Vortag hatte ich Pedro Alvaro aufgetragen, mich am Marktplatz zu erwarten und vor meiner Ankunft nicht anzugreifen. Als wir versammelt waren und ich die Brigantinen sah, die bereitstanden, hinter den Häusern einzudringen, wo sich die Feinde befanden, befahl ich meinen Männern beim Schuß der Escopette, der als Signal diente, in die Häuser einzudringen, um die Menschen darin zu verjagen, die hernach auf die Brigantinen fallen würden, die dort postiert waren, um sie aufzunehmen; ich verpflichtete sie nachdrücklich, Cuauhtemoc zu bewachen und sich zu bemühen, ihn lebend zu bekommen, denn dies würde das Ende des Krieges bedeuten. Was mich anging, so stieg ich, bevor der Kampf begann, auf ein Haus, von wo aus ich mich mit den wenigen mir bekannten Adeligen unterhalten konnte, und fragte sie, warum der Herrscher nicht kommen wolle. Er befände sich in einer solchen Not, daß es ein Verbre-chen von ihm sei, eine solch große Menge Menschen ohne Notwendigkeit zugrunde gehen zu lassen. Sie sollten ihn also rufen, was sie ohne Furcht tun könnten. Zwei dieser Mexikaner verschwanden, um ihn zu suchen, und kamen wenig später in Begleitung des Obergenerals aller Streitkräfte der Stadt zurück; er war der erbittertste Befürworter des Krieges und hieß Ciguacoazin. Erneut machte ich alle möglichen Annäherungsversuche. Er antwortete mir, daß sein Herr niemals zu mir kommen würde, daß er es vorzöge zu sterben, daß er stark betrübt wäre, daß ich aber tun sollte, was ich wollte.

Nach dieser Antwort veranlaßte ich ihn, sich zu den Seinen zu gesellen und sich zum Kampf bereit zu machen, denn ich würde sie angreifen und massakrieren. Dies geschah auch. Mit diesen fruchtlosen Verhandlungen verloren wir fünf Stunden. Während dieser Zeit traten die Leute in der Stadt auf die Kadaver von Toten. Einige hielten sich im Wasser, andere retteten sich schwimmend, während wieder andere im großen Becken ertranken, wo sich die canoas befanden. Der Schmerz dieser Unglücklichen war unendlich. Lange Schlangen von Männern, Frauen und Kindern kamen in unsere Richtung. Weil sie dachten, schneller entkommen zu können, warfen einige sich ins Wasser und erstickten mitten in den vielen Kadavern. Das Salzwasser, das sie tranken, der Hunger und die Pocken hatten mehr als fünfzigtausend Seelen der Stadt hinweggerafft. Die Überlebenden hatten nicht einmal mehr Kraft und Zeit, die Kadaver ins Wasser zu werfen, so daß diese in der Stadt aufgetürmt waren, wo man nicht mehr vorbeigehen konnte, ohne sie mit den Füßen zu treten.

Weil eine Vielzahl von Einwohnern auf uns zukam, postierte ich Spanier in den Straßen, wo sie vorbeigingen, damit unsere Verbündeten sich über die traurigen Überreste dieser großen Bevölkerung nicht erbitterten. Ich legte den Befehlshabern unserer Indianer nahe, darüber zu wachen, daß ihre Leute niemanden mehr töteten. Der Rat war umsonst: An diesem Tag töteten sie noch weiter und opferten mehr als fünfzehntausend.

Die bedeutendsten Krieger der Stadt versuchten immer noch Haltung zu bewahren; sie versteckten sich in den Ecken auf den Plattformen der Häuser und bis ins Wasser, um ihre Magerkeit und ihr Elend vor uns zu verbergen. Als ich sah, daß es spät war und daß sie sich nicht ergaben, ließ ich die beiden Geschütze vorrücken. Aber sie hatten von der Grausamkeit der Indianer mehr zu befürchten als vor unseren beiden Maschinen, und niemand rührte sich. Ich ließ also die Escopette schießen; bei diesem Geräusch wurde der kleine Platz, wo sich die Feinde postiert hatten, in wenigen Augenblicken genommen. Jene, die ihn besetzten, wurden ins Wasser geworfen, andere ergaben sich kampflos, und die Brigantinen drangen in den kleinen Golf ein, mitten in die Flotte der Canoas, die von Kriegern besetzt waren, die es nicht einmal mehr wagten zu kämpfen.

Unterdessen gefiel es Gott, daß ein Brigantinen-Kapitän namens Garci-Holguin auf ein Canoa traf, in dem ihm hochgestellte Persönlichkeiten zu sein schienen. Weil sich vorne im Schiff zwei oder drei Armbrustschützen befanden, die auf die Leute im Canoa anlegten, gaben letztere ein Zeichen, nicht zu schießen, da der Herrscher da sei. Meine Männer sprangen in das Canoa, wo sie sich Cuauhtemocs bemächtigten, des Königs von Tacuba, und anderer großer Herren, die sie begleiteten.

Holguin brachte den jungen Kaiser und seine anderen Gefangenen umgehend auf die Plattform des Hauses, wohin ich mich zurückgezogen hatte und die in der Nähe des Beckens lag. Als ich ihn sich setzen ließ und ihm das größte Wohlwollen bezeugte, kam er zu mir und sagte, daß er alles in seiner Macht Stehende getan habe, um sich und die Seinen zu verteidigen. Dann legte er die Hand auf meinen Dolch und sagte: „Töte mich!" Ich tröstete ihn, indem ich ihm sagte, daß er nichts zu fürchten habe.

Gott sei Dank war der Herrscher gefangen genommen. An diesem Tag, dem 13. August 1521, am Fest des heiligen Hippolyt, wurde der Krieg beendet, nachdem wir fünfundsiebzig Tage für die Belagerung der Stadt benötigt hatten. Nun können Eure Majestät sich ein Urteil bilden über die Mühen, Erschöpfungen und Gefahren, die Ihre Untertanen auf sich genommen haben, und darüber, wie sie sich als Männer auszeichneten, deren Werk der Nachwelt empfohlen sei.

Hernán Cortés:
„Brief an Karl V. über die Entdeckung und Eroberung Mexikos"

Die Azteken in der Literatur

Der Untergang der aztekischen Hochkultur war so abrupt, so brutal, daß er immer wieder Literaten dazu inspirierte, sich damit auseinanderzusetzen: im Bericht des klassischen europäischen Bildungsreisenden; im Roman, der versucht, einen Teil der Geschichte zu rekonstruieren; und schließlich in der kolportistischen Erzählung, die mit dem historischen Phänomen nichts gemein hat als ein paar Namen.

Letztere Gruppe sei an dieser Stelle nicht weiter zitiert, da sie nichts zum Verständnis der Kultur der Azteken beiträgt. Im folgenden Betrachtungen des Deutschen Ernst von Hesse-Wartegg, der 1884 Mexiko bereiste.

Allein meine gute Meinung von Mexiko wurde nicht schlechter, als ich es 1884 zum zweiten Mal besuchte und zum zweiten Mal ein paar angenehme Wochen zu Füßen des mächtigen Popocatépetl verbrachte. Allerdings, Mexiko besitzt noch heute keines jener großen komfortablen Hotels, das man in jeder Stadt mit einer Viertelmillion Einwohner eigentlich mit Recht erwarten könnte. Der Reisende muß noch immer mit großen, kalten, dunklen Zimmern, mit schlechten Betten und Ziegelboden vorliebnehmen, und der Horizont eines mexikanischen Kochs ist noch immer mit Tortillas und Frijoles – schwarzen gedünsteten Bohnen – verbarrikadiert, die sich vor seinen kulinarischen Augen in derselben Mächtigkeit erheben wie der Popocatépetl vor den staunenden Augen der Reisenden. Wer sich indessen jahrelang in halbzivilisierten und wilden Ländern herumgetrieben, der betrachtet die Natur und seine eigene unmittelbare Umgebung mit ganz anderen Augen als der Bädekersche Dutzendtourist; er hat den Wert und die Bedeutung der einfachen und doppelten Sternchen vor dem Hotelnamen verlernt, er ist mit allem zufrieden, das man ihm bietet. – Man macht ja wahrhaftig diese Tausende Meilen weiten, langwierigen Reisen nicht, um sich, am Ziele angelangt, in einem prächtigen Hotel abfüttern zu lassen – man bringt

ja doch nur seine Nächte dort zu, und für diese ist ja das bescheidenste Stübchen im Notfalle auch gut genug.

Das erste Hotel Mexikos, in der Calle de Plateros (Straße der Silberschmiede) im Herzen der Stadt gelegen, ist das Hotel Iturbide, wie man behauptet, der einstige Palast des ersten modernen Kaisers von Mexiko. Ein imposanter Bau mit mehreren Höfen, mehreren nach verschiedenen Straßen führenden Ausgängen und ein paar vortrefflicher Restaurants, bildet das Hotel Iturbide seit einer Reihe von Jahren den Mittelpunkt des gesamten Fremdenverkehrs. Die französischen und deutschen Touristen, die englischen Geschäftsreisenden, amerikanischen Eisenbahningenieure, Minenbesitzer und Spekulanten haben hier ihr Hauptquartier, und wäre nicht der jeder fremden Sprache unkundige Hoteldirektor im Despacho (Büro) und der stets im Halbschlaf versunkene indianische Portero hinter dem schweren großen Festungstore des Hotels, man könnte sich ebensogut in St. Louis oder San Francisco denken.

Aber auch auf den ersten Spaziergängen durch die große schöne Stadt wird man nur durch geringfügige Einzelheiten daran erinnert, daß man sich an der Grenze der Tropen von Zentralamerika, mehrere tausend Kilometer von den Zentren Europas oder der Vereinigten Staaten entfernt, befindet. Mexiko erinnert lebhaft an Turin, an Madrid, an Rom, an alles, nur nicht an jene ideale Stadt, als welche man sich Mexiko vorstellt, nachdem man die Geschichte Montezumas und der spanischen Eroberungen gelesen hat. Ja, würde die heutige Stadt durch ein Zauberstäbchen oder ein geographisches Tischleindeckdich zwischen Turin und Rom verpflanzt werden, der Reisende könnte es recht gut für Florenz halten, bis zu jenem Momente, wo er den Palazzo Pitti oder den Battistero besuchen wollte. Mexiko ist im Grunde genommen viel weniger charakteristisch als San Francisco oder New York oder New Orleans, und doch hält man es in Europa als das Nonplusultra einer interessanten, pittoresken Stadt. Man sucht es noch immer, nachdem man sich schon vielleicht tagelang im Herzen der Stadt aufgehalten hat. Es ist reizend, hübsch, malerisch, großstädtisch, aber es befriedigt nicht.

Die Ursache ist nicht schwer zu erraten. Sie liegt in der großen, ereignisreichen schmerzlichen Geschichte der Aztekenstadt. Mexiko wird als das Ägypten der neuen Welt betrachtet und seine Hauptstadt, die einstige Residenz Montezumas, als sein Kairo. Wie man die Geschichte Ägyptens kennt, so kennt man auch jene von Mexiko, man liest mit Staunen und hohem Interesse von den großartigen Palästen, den Tempeln und Pyramiden, die Cortez dort gefunden hat, man kennt aus Schilderungen und Bildern die Opfersteine, die Götzenstatuen, die Ruinenstädte Palenque, Uxmal, Mitla und vergleicht sie unwillkürlich mit Memphis und Theben. Und da das heutige Mexiko sich in der Tat mit den modernen Stadtteilen von Kairo um die Esbekieh und Schubra herum vergleichen läßt und, wie gesagt, lebhaft an die italienischen Großstädte erinnert, so hofft der Reisende, wie dort Triumphbogen, Statuen, Thermen und Götzentempel,

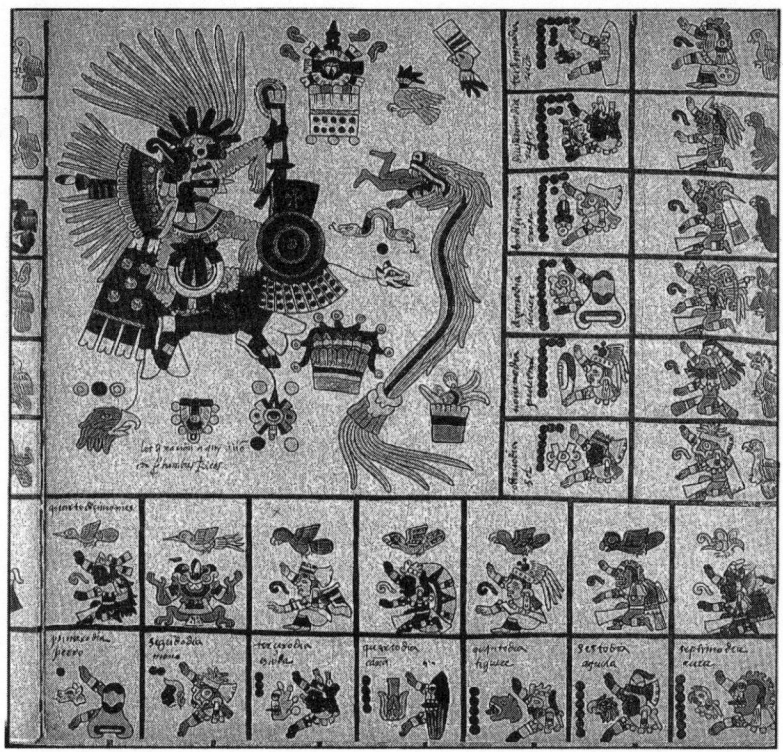

Ausschnitt aus dem Codex Borbonicus mit dem Gott Xipe Totec.

so auch hier Ruinen, Überbleibsel der Aztekenzeit zu finden. Aber wie grausam und – ich kann wohl sagen – tief schmerzlich wird er hier in Mexiko enttäuscht! Selbst in dem mehrmals zerstörten Alexandrien stehen noch zum mindesten die Pompejussäule und ein paar Sphynxe, in Kairo bewunderte ich die wunderbaren sieben Moscheen der Kalifengräber, und man zeigte mir von Memphis doch zum wenigsten die kolossalen Schuttberge der einstigen Weltstadt und den halb aus dem Schutte gegrabenen Götzen, der dort im Schatten schlanker hoher Palmen auf der Nase liegt.

In Mexiko ist von der Aztekenzeit nichts übrig, und von der einstigen Weltstadt ist im wahrsten Sinne des Wortes kein Stein auf dem anderen geblieben. Hat sich denn die Weltgeschichte dort in flüchtigen, an die Wand geworfenen Stereoskopenbildern bewegt, die ebenso rasch, wie sie gekommen, wieder verschwinden?

War denn das Häusermeer Mexikos nur eine dünne Schicht flüchtigen Staubes, welche Cortez und Alvarado aus vollen Backen weggeblasen oder mit dem Ärmel weggewischt hatten? An derselben Stelle erhebt sich das neue, moderne, aller haltbaren Traditionen entbehrende Mexiko! Und so wandert man denn tagelang durch die strahlenden, modernen, hübschen Straßen dieser Stadt, ruhelos, unzufrieden und unbefriedigt, um erst des Abends vielleicht bei hellem Mondschein auf dem flachen Dache, der Azotea unseres Hotels, die weite Ebene im Geiste mit den Conquistadores zu beleben und mit den Werken jener noch im Unglücke großen Nation, die sie, eine Handvoll Leute, so gänzlich unterjocht und vernichtet haben! Dann erst, in diesen stillen Träumen, schuf ich mir die glänzende Inselstadt, die noch vor 370 Jahren, den Schilderungen der spanischen Geschichtsschreiber zufolge, an Pracht und Bauart mit Venedig wetteiferte; den Kaiserpalast, die Tempel und Pyramiden der Aztekengötter, mit einem Worte, den Schauplatz jener geschichtlichen und mythischen Persönlichkeiten, die uns heute leider nur mehr dem Namen nach erhalten sind: Montezuma, Axayacatl, Malindsche, Guatemozin und andere. Träume! nichts als Träume; denn die Wirklichkeit zeigt uns heute nur noch ein paar Skulpturen, im Museum von Mexiko aufgestellt oder in Kunstsammlungen der europäischen Großstädte verteilt.

Ernst von Hesse-Wartegg:
„Die Hauptstadt der Azteken"

Gary Jennings, Autor des 1980 erschienenen Romans „Der Azteke", entwirft ein phantasievolles Bild der aztekischen Gesellschaft, das auf gründlichen Recherchen beruht. Die Hauptfigur seines Romans, der aus einer Handwerkerfamilie stammende und Ende des 15., Anfang des 16. Jahrhunderts lebende Azteke Mixtli, Schwarze Wolke, berichtet einem spanischen Missionar vom Leben der Azteken.

Als die Feierlichkeiten beim ersten vollen Tageslicht begannen, umschwirrten die Oberpriester von Tlaloc und Huitzilopóchtli mit ihren Gehilfen aufgeregt die Tempel oben auf der Pyramidenplattform und trafen ihre allerletzten Vorbereitungen. Auf der Terrasse, die um die ganze Pyramide herumlief, standen die vornehmeren Gäste. Tenochtítlans Verehrter Sprecher Ahuítzotl selbstverständlich im Verein mit dem Verehrten Sprecher von Texcóco, Nezahualpíli, und dem Verehrten Sprecher von Tlácopan, Chimalpopóca. Neben ihnen standen die Herrscher anderer Städte, Provinzen und Völker – von weit entfernten Herrschaftsgebieten der Mexíca, vom Lande der Tzapotéca, der Mixtéca, den Totonáca und den Huaxtéca und noch anderer Völker, deren Namen ich damals noch nicht einmal kannte. Nicht anwesend war selbstverständlich der in unversöhnlicher Feindschaft zu den Mexíca verharrende Herrscher von Texcála, der alte Xicoténca; Yquíngare von Michihuácan aber sehr wohl.

Stellt Euch einmal vor, Euer Exzellenz! Wäre Euer Capitán-General Cortés an diesem Tag auf dem Großen Platz erschienen – er hätte die Unterwerfung unserer Länder auf einen

Schlag bewerkstelligen können; es hätte ihm ein leichtes sein müssen, unsere rechtmäßigen Herrscher nahezu vollständig umzubringen. Sodann hätte er sich – da und dort – zum Herrn von praktisch dem gesamten Gebiet ausrufen lassen können, das heute Neuspanien ist, und unser führerloses Volk hätte wohl kaum gewußt, wie es ihm die Anerkennung hätte versagen sollen. Sie wären gewesen wie ein kopfloses Tier, welches nur noch hilflos zucken und mit den Flügeln schlagen kann. Uns wäre damals, wie mir heute erst aufgeht, viel von dem Elend und dem Leiden erspart geblieben, das wir später über uns ergehen lassen mußten. Doch yyo ayyo! An diesem Tage feierten wir die Macht der Mexíca, ahnten wir nicht einmal, daß es so etwas wie weiße Männer überhaupt gab, und gingen mit der größten Selbstverständlichkeit davon aus, daß unsere Wege und unsere Tage sich weit in eine grenzenlose Zukunft erstreckten. In der Tat hatten wir ja auch noch eine Reihe von Jahren vor uns, da wir auf der Höhe unserer Macht und unseres Ruhms standen, und deshalb bin ich froh, daß an jenem hinreißenden Tag kein fremder Eindringling störte.

Der Vormittag war der Unterhaltung gewidmet. Es tanzten und sangen Gruppen aus eben diesem Haus des Gesangs, in dem wir heute sitzen, Euer Exzellenz, und in ihren Darbietungen übertrafen sie, was Können und Wendigkeit betraf, bei weitem alles, was ich in Xaltócan oder Texcóco gesehen und gehört hatte – wenn auch kein einziger von ihnen an Anmut meiner verlorenen Tzitzitlíni das Wasser reichen konnte. Da waren die vertrauten Instrumente: die einzelnen Donnertrommeln, die Göttertrommeln, von denen immer mehrere auf einmal geschlagen wurden, die Wassertrommeln, die herabhängenden Kalebassen, die Rohrflöten und die Schienbeinflöten und die Süßkartoffelflöten. Freilich wurden die Sänger und Tänzer auch von anderen Instrumenten begleitet, und zwar von einer Vielfalt, wie ich sie anderwärts noch nie erlebt hatte. Eines hieß „gluckerndes Wasser" – eine Flöte, welche ihre Töne perlend durch einen Krug Wasser hindurchschickte, was eine Echowirkung zur Folge hatte. Da gab es noch eine andere, aus Ton gebrannte Flöte, in der Form ähnlich einem dicken Teller, dessen Spieler weder seine Lippen noch seine Finger bewegte; er bewegte den Kopf, während er in das Mundstück hineinblies, so daß eine kleine Tonkugel im Inneren der Flöte umherrollte und immer ein anderes der am Rand angebrachten Löcher verschloß. Und selbstverständlich waren von jedem Instrument nicht nur eines, sondern mehrere vorhanden. Die Musik, die sie alle zusammen machten, muß jedem, der in den Gemeinwesen rings um alle fünf Seen herum daheim geblieben war, ans Ohr gedrungen sein.

Die Musiker, Sänger und Tänzer brachten ihre Darbietungen auf den untersten Stufen der Pyramide sowie auf einem freigelassenen Platz davor dar. Wurden sie müde und mußten sich ausruhen, führten Männer irgendwelche Kunststücke vor. Kräftige Männer hoben gewaltige Gewichte aus Stein in die Höhe oder warfen sich gegenseitig nahezu nackte Mädchen zu, als wären sie federleicht.

Akrobaten übertrumpften mit ihren Sprüngen, Possen und Rollen die Grashüpfer und Kaninchen. Oder sie stellten sich einander auf die Schulter – erst zehn, dann zwanzig, dann vierzig Männer auf einmal –, um mit ihren Leibern eine menschliche Pyramide zu bilden. Lustige Zwerge führten groteske und unanständige Pantomimen auf. Jongleure ließen eine unglaubliche Anzahl von Tlachtli-Bällen in der Luft kreisen und in verwirrenden Bahnen von einer Hand zur anderen wandern.

Nein, Euer Exzellenz, ich will damit nicht sagen, daß die vormittäglichen Unterhaltungen reiner Zeitvertreib gewesen wären (wie Ihr es nennt), um die Schrecken, die später kamen, erträglicher zu machen (wie Ihr sagt), und ich verstehe nicht, was Ihr meint, wenn Ihr etwas von „Brot und Spielen" brummelt. Euer Exzellenz dürfen aus dem Berichteten nicht den Schluß ziehen, dieser Frohsinn sei in irgendeiner Weise unehrerbietig gewesen. Wenn diese Darbietungen nicht düster, sondern ausgelassen waren, so deshalb, um die Götter in eine Stimmung zu versetzen, unsere späteren Opfer gnädig entgegenzunehmen.

Alles, was an diesem Morgen getan oder vorgeführt wurde, stand in irgendeiner Beziehung zu unserem Glauben, unseren Bräuchen oder Traditionen, selbst wenn diese Beziehung für einen fremden Beobachter wie Euer Exzellenz etwa nicht sofort augenscheinlich gewesen sein dürfte. Da waren zum Beispiel die Tocotíne, die auf besondere Einladung hin aus dem Küstenland Totonáca gekommen waren, wo sich unter ihnen ein ganz bestimmter Sport entwickelt hatte – oder vielleicht von den Göttern inspiriert worden war. Was sie vorführten, erforderte die Errichtung eines ganz außergewöhnlich hohen Baumstamms, der in einen Sockel eingepflanzt wurde, wozu eigens ein Loch in den Marmor des Großen Platzes gebohrt worden war. In dieses Loch wurde ein lebendiger Vogel gesteckt, der dann, als der Baumstamm eingeführt wurde, zerquetscht wurde, auf daß sein Blut den Tocotíne die Kraft verleihe, die sie zum Fliegen brauchten. Jawohl, zum Fliegen.

Der aufgestellte Baumstamm ragte nahezu genauso hoch in die Luft wie die Große Pyramide. Oben auf seiner Spitze befand sich eine winzige hölzerne Plattform, nicht größer, als sie ein Mann mit beiden Armen umspannen kann. Die ganze Länge des Stamms herunter ringelte sich ein lockeres Netz kräftiger Seile. Fünf Totonáca-Männer kletterten bis zur Spitze des Stamms hinauf; einer von ihnen trug eine Flöte und hatte eine kleine Trommel an seinem Schamtuch befestigt; die anderen vier waren bis auf eine Fülle leuchtendbunter Federn völlig unbehindert. Ja, bis auf diese Federn, die ihnen an die Arme geklebt waren, waren sie vollständig nackt. Nachdem sie die Plattform oben erreicht hatten, hockten die vier Gefiederten sich auf ihren Rand, während der fünfte Mann in der Mitte sich langsam und unter Aufbietung der allergrößten Vorsicht erst auf die Füße stellte und dann aus der Hocke zu voller Größe aufreckte.

Dort, auf dem winzigen Raum, stand er in schwindelnder Höhe da, stampfte erst mit dem einen Fuß auf und dann mit dem anderen, fing an zu tanzen und begleitete sich selbst mit Flöte und Trommel. Die Trommel schlug er mit der einen Hand, während er mit den Fingern der anderen abwechselnd die Löcher der Flöte verschloß, welche er blies. Wiewohl alle, die von unten zuschauten, den Atem anhielten, drang die Musik aus der großen Höhe nur als ganz feines Gedudel und leises Pochen zu uns herunter. Während er spielte, schlangen die anderen vier Tocotíne sich mit größter Behutsamkeit die Enden der Seile, die vom Pfahl herunterhingen, um die Fußgelenke, was wir freilich nicht sehen konnten, so hoch war es. Als sie bereit waren, gab der Tanzende den Musikanten unten auf dem Platz ein Zeichen.

Ba-ra-ROMM! Ein donnerndes Aufbranden von Musik und Trommelgedröhn, das jeden Zuschauer erschauern ließ, und genau in diesem Augenblick sprangen die vier Männer da oben – ins Leere. Sie warfen sich hinaus und spreizten die in voller Länge gefiederten Arme. Jeder von den vieren trug die Federn eines anderen Vogels – ein roter Ara, ein blauer Eisvogel, ein grüner Papagei, ein gelber Tukan –, und seine Arme waren die ausgebreiteten Fittiche. Ihr Sprung trug die Tocotíne zuerst ein Stück von der Plattform nach außen, bis die Seile an ihren Beinen sich strafften und die Fliegenden mit einem Ruck gleichsam in der Luft standen. Sie wären unweigerlich gestürzt und gegen den Pfahl geprallt, wären die Stricke nicht auf eine höchst sinnreiche Weise ineinandergeschlungen gewesen. Aus dem ursprünglichen Sprung nach außen wurde ein langsames Kreisen um den Pfahl herum,

wobei jeder der Männer gleich weit von seinen Gefährten entfernt war und sie alle immer noch die anmutige Haltung eines mit ausgebreiteten Schwingen dahinsegelnden Vogels einnahmen.

Alldieweil der Mann oben weiterhin tanzte und die Músikanten unten mit Trillern, lustigen Schlenkern und rhythmischen Trommelschlägen die Begleitung spielten, fuhren die vier Vogelmenschen weiter im Kreise dahin. Die kunstvoll verschlungenen Seile entwirrten sich nach und nach und wickelten sich immer mehr vom Stamm ab, die Vogelmenschen zogen immer weitere Kreise und kamen langsam tiefer. Doch wie die Vögel brachten die Männer ihre gefiederten Arme in Schrägstellung, so daß sie an Höhe gewannen und sich wieder in die Tiefe senkten, aneinander vorbei aufstiegen und hinunterflogen, als ob auch sie einen Tanz aufführten – nur freilich in der Luft und auf- und abgleitend.

Das Seil eines jeden Mannes war dreizehnmal über die ganze Länge des Stammes herumgewickelt. Bei der letzten Umkreisung, da sein Körper mit der größten Geschwindigkeit und am weitesten vom Pfahl entfernt dahinflog und er fast den Boden berührte, krümmte er den Körper und stellte die Fittiche gegen die Luft – wie ein Vogel beim Landen –, so daß er mit den Füßen zuerst den Boden berührte, der Strick sich löste und er noch etliche Schritte weiterlief, ehe er zum Stillstand kam. Das geschah bei allen vieren gleichzeitig. Dann hielt einer von ihnen sein Seil straff, so daß der fünfte Mann daran bis zum Platz herunterrutschen konnte.

Sofern Euer Exzellenz einiges von dem gelesen haben, was ich früher schon über unseren Glauben berichtet habe, werdet Ihr begriffen haben, daß es sich bei dieser Vorführung der Tocotíne nicht einfach um ein akrobatisches Kunststück handelte, sondern daß jedem Aspekt eine bestimmte Bedeutung innewohnte. Die vier Flieger waren teils gefiedert und teils nacktes Fleisch, genauso wie Quetzalcóatl, die Gefiederte Schlange. Die vier kreisenden Männer mit dem Tänzer in der Mitte stellen die vier Himmelsrichtungen des Kompasses – Norden, Osten, Westen, Süden – und die Mitte dar. Die dreizehn Drehungen eines jeden Seils entsprachen den dreizehn Tagen und den dreizehn Jahren unseres Ritual-Kalenders. Vier mal dreizehn ergibt zweiundfünfzig – so viele Jahre, wie ein Schock Jahre enthält. Da waren auch noch andere feinere Bedeutungen – das Wort Tocotíne zum Beispiel bedeutet „die Sämänner" –, doch ich will Eure Geduld nicht im Übermaß auf die Probe stellen und mich nicht weiter über diese Dinge auslassen, merke ich doch, daß Euer Exzellenz darauf brennen, etwas über jenen Teil der Einweihungszeremonie zu erfahren, welcher den Opferungen gewidmet war.

Gary Jennings:
„Der Azteke"

Malinche, eine indianische Prinzessin, die Cortés als Dolmetscherin diente, ist die Hauptfigur im 1987 erschienenen Roman „Der Tod der fünften Sonne" von Robert Somerlott. Somerlott beleuchtet mit viel Phantasie und Sachkenntnis die besondere Rolle Malinches – einer intelligenten jungen Frau, die überzeugt ist, daß Cortés der zurückgekehrte Gott Quetzalcóatl sein muß, und die sich an ihren Unterdrückern, den Azteken, rächen will. Im folgenden läßt Somerlott sie von der ersten Begegnung zwischen Motecuhzoma und Cortés berichten.

Plötzlich ertönten Hörnerklang und Trommelgedröhn. Tausend aztekische Edelleute kamen aus der Stadt heraus und näherten sich uns gemessenen Schritts; der Thron Moctezumas stand hoch auf einer teppichbedeckten Plattform, der Erste Sprecher selbst saß darauf. Zwerge streuten Blumen vor ihm, bedeckten den königlichen Pfad mit Blütenblättern.

Unsere eigene aztekische Eskorte eilte voraus, um den Verehrten Sprecher zu begrüßen, und als Cortés sah, wie die Menge sich teilte und der Thron herabgelassen wurde, saß er von Mulitreiber ab. Ehe er wieder von Prinzen aus seinem Gefolge umringt wurde, konnte ich einen flüchtigen Blick auf Moctezuma werfen: Ich sah einen Mann in mittleren Jahren, der in ein blütenweißes Gewand gehüllt war wie ein Priester von Gefiederter Schlange. Seine goldene Sonnenkrone hatte er zurückgelassen, doch trug er Sandalen mit goldenen Sohlen, damit er, wie wir sagten, auf Sonnenstrahlen wandelte. Er hatte ein einziges Halsband aus Jade und Opalen angelegt.

Sonnencodex, der den Kult für Tonatium
beschreibt.

Mein Gebieter mit seiner blitzenden Rüstung wirkte jedoch noch königlicher als er und bot einen Anblick, der neu war für die Azteken; Cortés' Helm blinkte wie ein blankgeriebener Spiegel. Als Helmbusch trug er fünf geringelte Federn, die ich für ihn ausgesucht und zusammengesteckt hatte: die reinen weißen Federn der Windwolken von Gefiederter Schlange – eine für jede Himmelsrichtung und eine für die heilige Mitte. Die weißen Federn erinnerten auch an seine jungfräuliche Geburt. Seine Rüstung schien Teil von ihm zu sein; er wirkte wie ein in Silber gewandetes Geschöpf, wie der schöne Muschelprinz der Legende, der über und über mit Perlen bedeckt, schimmernd und voll Zauber dem Meer entsteigt.

Ich hoffte, Cortés würde einfach stehenbleiben und Moctezuma näher kommen lassen, damit er niederkniete und die Erde küßte – dazu hatte ich ihm geraten. Doch als mein Gebieter Moctezuma, zu Fuß und links und rechts auf zwei Fürsten gestützt, auf sich zukommen sah, schritt er spontan aus und breitete weit die Arme aus, um Moctezuma zu umarmen, eine Geste, welche die ganze Stadt umfing, die Welt und alle Menschen.

Zwei der Fürsten – Fallender Adler war einer davon – stürzten vor, um diese Begrüßung zu verhindern. Einer rief: „Gotteslästerung! Nein!" Doch mehr noch als das Sakrileg fürchteten sie um Moctezumas Leben. Cortés zögerte, worauf wiederum ich vorstürzte, um an der Seite meines Gebieters zu stehen, wenn die beiden Götter miteinander sprachen.

Es war, als ob zwei Welten sich begegneten: die Welt der Gegenwart, verkörpert in Moctezuma und seinen Edelleuten, verkörpert auch in den Tempeln, die sich hinter ihnen erhoben; in Cortés war die Welt der Vergangenheit wiedergeboren, die Welt des Tula von Gefiederter Schlange, Tula, dessen Gärten längst tot waren, doch heute wieder zu blühen schienen. Moctezuma empfand das gleiche wie ich und sprach meine Gedanken aus, als er Cortés begrüßte.

„Unter großer Mühsal, o Herr, seid Ihr hier in Eurem eigenen Land, in Eurer eigenen Stadt eingetroffen, um Euren Thron wieder einzunehmen. Ich habe diesen Thron für Euch gehütet."

Ich hielt, wie es sich geziemte, den Blick von Moctezumas Gesicht abgewendet, doch als er sprach, sah ich, wie seine Hände zitterten; schließlich mußte er sie zusammenlegen, um sie ruhig zu halten. Er war von Schrecken erfüllt, doch trotz der Panik in seinem Inneren wahrte er vorm Volk seine Würde.

Ich ging davon aus, daß Cortés etwas erwidern würde, doch statt dessen schüttelte er nur leise den Kopf und starrte Moctezuma schweigend an, der daraufhin – zögernd freilich – seine Begrüßung fortsetzte.

„Eure dahingeschiedenen Diener, die Herrscher, die meine Vorfahren waren, haben Eure Stadt gleichfalls gehütet. Ich wünsche nur, Herr, sie könnten aus ihrem Grab auferstehen, um Euer Antlitz zu sehen, so wie ich es jetzt tue, hochwillkommener Herr!"

Als ich diese Worte auf spanisch wiederholte, Worte, die zu hören ich so lange ersehnt hatte, schien mein Gebieter nicht ganz bei der Sache zu sein, obwohl niemand das merkte.

„Jetzt müßt Ihr mit Euren Gefährten ausruhen, diesen Herren aus den Nebeln und den Ozeanen. Ihr sollt es Euch wohl ergehen lassen in dem Haus, das ich für Euch vorbereitet habe."

Ich wartete, daß mein Gebieter die erneute Inbesitznahme seines Reiches bestätigte, doch sagte er nur: „Ich bin mit Liebe für Moctezuma gekommen; ihm wird nichts geschehen. Später wollen wir von wichtigen Dingen reden."

Dann zogen wir weiter. Cortés folgte und blieb nur einen Moment stehen, um Moctezuma eine Kette aus wunderschönen Glasperlen um den Hals zu legen. Moctezuma berührte zaghaft das Glas, dann hörten seine Finger auf zu zittern. Er hatte Gnade gefunden. Atemlos traf ein Bote mit einem Geschenk ein, nach dem Moctezuma gerade geschickt hatte, ebenfalls eine Halskette, freilich aus Gold gearbeitet und mit Symbolen von Gefiederter Schlange. Als der Erste Sprecher Cortés diese Kette ehrfurchtsvoll um den Hals legte, hörte ich unterdrückte Seufzer und gedämpfte Rufe aus der Menge. „Gefiederte Schlange", flüsterten sie. „Gefiederte Schlange."

Robert Somerlott:
„Der Tod der fünften Sonne"

Chronologie

1111 Die Mexica (Azteken) verlassen ihre Heimat, die mythische Insel Aztlan.
1163 Die Mexica siedeln in Coatepec, in der Nähe von Tula.
1299 Ankunft in Chapultepec (heute Stadtteil von Mexico-City).
1319 Vertreibung aus Chapultepec, von nun an Vasallen der Herrscher von Colhuacán. Erneute Flucht (nach der Opferung einer Colhua-Prinzessin) auf die Inseln im Texcoco-See.
1337 Gründung von Tlatelolco
1370 Gründung von Tenochtitlan
1376 Beginn der Königsherrschaft
1376–1396 Acamapichtli
1397–1417 Huitzilihuitl
1417–1428 Chimalpopoca
1428–1440 Itzcóatl
1440–1469 Motecuhzoma I.
1469–1481 Axayacatl
1481–1486 Tizoc
1486–1502 Ahuitzotl
1502–1520 Motecuhzoma II.
1520 Cuitlahuac
1520–1525 Cuauhtemoc
1378–1380 Eroberung des Xochimilca-Reichs.
1430 Eroberung von Atzcapotzalco. Gründung des Dreierbundes.
1455 Eroberung von Oaxaca.
1458 Eroberung von Veracruz.
1476 Eroberung von Toluca.
1478 Einweihung des großen Tempels in Tenochtitlan.
1519 Ankunft der Spanier.
1521 Eroberung Mittelamerikas durch die Spanier. Tenochtitlan fällt.

Glossar

Adler-Ritter/Jaguar-Ritter: Militärische Vereinigungen oder Orden, denen adlige Krieger ab einer bestimmten Rangstufe beitreten konnten. Im Kampf trugen die Mitglieder der Orden Kleidung, die das jeweilige Wappentier (Adler und Jaguar) imitierten.

Blumenkrieg: „Scheingefecht". Eine Art Turnier zwischen den Azteken und einigen Nachbarvölkern. Ziel war es, lebende Gefangene zu machen, die den Göttern geopfert wurden.

Chalco: Stadt am Westufer des Chalco-Sees.

Chinampa: Künstliche Inseln aus Flechtwerk, mit Schilf und Schlamm bedeckt, die von den Azteken als Gemüse- und Blumenbeete angelegt.

Corrida: Fest einer Dorf- oder Stadtgemeinschaft.

Dreierbund: 1430 gegründetes Bündnis zwischen Acolhua, Mexica und Tepaneken. Es stellt das politische Führungsorgan des aztekischen Reiches dar.

Ejido: Gemeinschaftlicher Grundbesitz, der allen benachbarten Bewohnern eines Dorfes gehört. Das Ejido-Programm wurde in Mexiko anläßlich der Wiederverteilung von Grundbesitz an die Bauern traditioneller Gemeinschaften eingeführt.

Enklave: Vom eigenen Staatsgebiet umschlossener Teil eines anderen Staates.

Halluzinogene Stoffe: Stoffe, die Halluzinationen hervorrufen können, Drogen.

Ikonographische Schrift: Von den Azteken verwendete Bilderschrift, die aus Piktogrammen (Bildzeichen) und wenigen Phonogrammen (Lautzeichen) bestand. Die Bildinhalte mußten interpretiert werden, da sie größtenteils sprachunabhängig sind.

Itzcóatl: 4. Herrscher der Azteken (1426–1440), Gründer des Dreibundes.

Jade: Schmuckstein, der im Alten Mexiko ähnlich kostbar war wie Gold und Edelsteine in Europa.

Logistik: Planung, Bereitstellung und Einsatz der für die Versorgung u. a. der Streitkräfte notwendigen Mittel und Dienstleistungen.

Mestize: Mischling zwischen Weißen und Indianern.

Mulatte: Mischling zwischen Weißen und Schwarzen.

Nahua: Größte indianische Bevölkerungsgruppe im Hochland von Mexiko (heute ca. 650 000 Menschen). Nahuatl war die Sprache dieser Menschen, u. a. der Mexica.

Otomi: Ethnische und Sprachgruppe im zentralen Hochland Mexikos.

Patio (span. Innenhof): Häuser, auch als Wohnraum genutzt.

Polygamie: Eine Heiratsform, bei der ein Mann gleichzeitig mehrere Frauen hat. Diese Form der Ehe war bei den Mexica ausschließlich dem Adel vorbehalten.

Pueblo (span. Dorf): Bevorzugt angewendet für indianische Siedlungen.

Quetzal: Vogel aus der Familie der Trogons. Er bewohnt die Bergwälder von Chiapas bis Bolivien. Die metallisch grünen Schwanzfedern waren eine begehrte Schmuckfeder. Heute ist der Vogel fast ausgerottet.

Ritueller Kannibalismus: Religiös geprägtes Verzehren von Menschenfleisch.

Satellitenvölker: Völker, die vom Dreierbund politisch abhängig waren, ihm aber nicht eigentlich angehörten. Sie dienten als Pufferstaaten zu den v. a. im Norden und Süden Mexikos lebenden Ethnien.

Synkretismus: Synthese von zwei verschiedenen Kulturen oder Kulturelementen. Im Fall des religiösen Synkretismus kommt es häufig zu einer Identifikation des Heiligen der Kirche mit den alten einheimischen Göttern.

Tezcatlipoca: „Rauchender Spiegel", mächtiger Schöpfergott und Gegenspieler von Quetzalcóatl. Er verkörpert den Tod, das Böse und die Zerstörung.

Tlacaelel: Nach dem Bruder Motecuhzomas I. benanntes Amt des Stellvertreters. Zweitwichtigstes Amt nach dem „tlatoani" (Sprecher). Die historische Rolle von Tlacaelel ist noch nicht ganz geklärt. Vermutlich beeinflußte er über Jahrzehnte die aztekische Politik.

Tolteken: Erste historisch faßbare Gruppe der Nahua im vorkolumbischen Mexiko. Hauptstadt Tula. Den Mexica, deren Kultur stark von den Tolteken beeinflußt war, galt diese Periode als Goldenes Zeitalter.

Tortilla: Aus geschrotetem Mais gebackenes Fladenbrot.

Tula (Tollau): Ruinenstätte in der Nähe von Mexico-Stadt, gilt als die Hauptstadt der Tolteken. Gegründet im 9. Jh., um 1200 zerstört und verlassen.

Zapoteken: Indianisches Volk im mexikanischen Bundesstaat Oaxaca. Die Kultur der Zapoteken hatte ihre Blütezeit von etwa 200–900 n. Chr. Heute gibt es noch etwa 300 000 zapotekisch sprechende Menschen.

Museen mit Ausstellungen
zur aztekischen Geschichte und Kultur im deutschsprachigen Raum

Basel, Museum für Völkerkunde

Wien, Museum für Völkerkunde

Stuttgart, Linden-Museum

Berlin, Völkerkundemuseum

Hildesheim, Roemer- und Pelizaeus-Museum

Bremen, Überseemuseum

Köln, Rautenstrauch-Joest-Museum

München, Staatliches Museum für Völkerkunde

Zürich, Museum Rietberg

Kleine Auswahl der weiterführenden Literatur

Nigel Davies, Die Azteken, Gütersloh 1973.

Denkwürdigkeiten des Hauptmanns Bernal Díaz de Castillo.

P. Grimal (Hrsg.), Mythen der Völker, Frankfurt 1967.

F. Hetmann (Hrsg.), Indianermärchen aus Mexiko, Frankfurt 1985.

F. A. Kirkpatrik, Die spanischen Konquistadoren, Leipzig o.J.

Kridaberg, Walter, Altmexikanische Kulturen, Berlin 1966.

W. Lindig/M. Münzel, Die Indianer, Band I und II, München 1985.

M. L. Portilla (Hrsg.), Rückkehr der Götter – Die Aufzeichnungen der Azteken über den Untergang ihres Reiches, München 1965.

K. Ross (Hrsg.), Codex Mendoza – Aztekische Handschrift, Fribourg 1984.

H. Scurla (Hrsg.), Durch das Land der Azteken. Berichte deutscher Reisender des 19. Jh. aus Mexiko und Guatemala, Berlin 1987.

H. Stierlin, Das Alte Mexiko, Architektur der Welt, Berlin o.J.

H. Trimborn, Das alte Amerika, Stuttgart 1963.

Verwendete Literatur

Bernal Díaz de Castillo: Wahrhafte Geschichte der Entdeckung und Eroberung von Mexiko. Zit. n.: Gerhard Baer: Die Städte Tenochtitlan und Tlateloloc; aus: Die Azteken. © 1985, Museum für Völkerkunde, Basel.

Wolfgang Haberland: Die Azteken; aus: Glanz und Untergang der Alten Mexiko. © beim Autor.

Jacques Soustelle: Das Leben der Azteken. © 1956 Alle deutschen Rechte bei der Deutschen Verlags-Anstalt, Stuttgart. Titel der französischen Originalausgabe „La vie quotidienne des Aztèques" © 1955 by Librairie Hachette, Paris. Ins Deutsche übertragen von Curt Meyer-Clason.

Gerhard Baer: Die Städte Tenochtitlan und Tlatelolco; aus: Die Azteken. © 1985, Museum für Völerkunde, Basel.

Viola König: Die Hauptgottheiten; aus: Glanz und Untergang des Alten Mexiko. © bei der Autorin.

Codex Florentino: Original in Náhuatl. Nach der ersten verlorenen Fassung von 1555 um 1585 neu geschrieben unter der Leitung von Fray BErnardino de Sahagún: Buch XII, Kapitel 1.

Conica Mexicana, beschrieben um 1598 von Alvarado Tezozómoc. Die einige erhaltene Text ist in Spanisch überliefert. A. Tezozómc schrieb die Cronica mexicáyotl in Náhuatl.

Codex Florentino. Buch XII, Kapitel 16, 17 und 18.

Codex Florentino, Buch XII.

Codex Florentino, Buch XII, Kapitel 23, 24 und 25.

Codex Florentino, Buch XII, Kapitel 28 bis 32.

De la venida de los exponoles y principio de la ley evangélica; aus: Relación XIII.

Manuscrito Anónimo de Tlatelolco. Original in Náhualt (1528).

Alle Manuskripte zit. n.: Rückkehr der Götter. © Copyright 1962 Middelhauve Verlag, Köln.

Hernán Cortés: Briefe an Karl V. über die Entdeckung und Eroberung Mexikos. Übersetzung: Bettina Wiengarn. © Ravensburger Buchverlag.

Ernst von Hesse-Wartegg: Die Hauptstadt der Azteken, Berlin 1978.

Gary Jennings: Die Azteken. © edition meyster in F. A. Herbig Verlagsbuchhandlung GmbH, München.

Robert Somerlott: Der Tod der fünften Sonne. © 1988 by Verlag Kiepenheuer & Witsch Köln.

Bildnachweis

Vorderseite: Ansicht des Seentals und der Großen Stadt Tenochtitlan zu Anfang des 17. Jh. (Ausschnitt). Fresko nach Covarrubias. Mexico-City, Stadtmuseum. Foto: Dagli Orti, Paris.
Buchrücken: Xocotl-Zeremonie. Illustration aus dem „Codex Borbonicus". Paris, Asservatenkammer der Bibliothèque nationale.
Rückseite: Hinrichtung durch wilde Hunde (Ausschnitt). Illustration aus einem Bildermanuskript. Paris, Bibliothèque nationale.

Bildvorspann
1 Diego Velázquez übergibt Cortés das Kommando über die Armee. Gemälde auf Kupfer nach Alonso de Solis. Madrid, Museo de America. Foto: Dagli Orti, Paris.
2 Drei spanische Soldaten während der ersten Kämpfe gegen die Indianer von Tabasco. Ebd.
3 Cortés erteilt den Befehl, seine eigene Flotte zu zerstören. Ebd.
4 Erstes Zusammentreffen von Cortés mit den Abgesandten von Motecuhzoma. Ebd.
5 Einzug Cortés' in Tlaxcala. Ebd.
6 Einzug Cortés' in Mexico. Ebd.
7 Motecuhzoma zahlt den Tribut an Cortés. Ebd.
8 Die Schlacht von Tepeaca. Ebd.
9 Cortés nimmt Motecuhzoma II. gefangen. Ebd.
10 Quetzalcóatl. Illustration aus dem „Codex Telleriano-Remensis". Paris, Bibliothèque nationale.

Erstes Kapitel
12 Wachsoldaten. Illustration, aus: Diego Durán, „Historia de las Indias", 1579. Madrid, Nationalbibliothek. Foto: Dagli Orti, Paris.
13 Männerkopf. Skulptur aus aztekischer Zeit (1324–1521) mit Muschelinkrustationen. Mexico-City, Nationalmuseum für Anthropologie. Foto: Giraudon, Paris.
14 Krieger. Skulptur aus toltekischer Zeit. Tula. Foto. Mexico-City, Nationalmuseum für Anthropologie. Foto: Dagli Orti, Paris.
15 (oben) Maispflanzung. Illustration aus dem „Codex Sahagún". Foto: F. Delebecque

15 (unten) Die Wanderung der Azteken. Illustration aus einem Bildermanuskript. Paris, Bibliothèque nationale.
16 Quetzalcóatl. Illustration, aus: „Historia de las Indias", a.a.O. Foto: Dagli Orti, Paris.
17 (oben) Statue des Xochipilli, des Gottes der Blumen, der Liebe, des Tanzes und der Dichtkunst. Aztekische Zeit (1324–1521). Foto. Mexico-City, Nationalmuseum für Anthropologie. Foto: Ebd.
17 (unten) Krieg zwischen den Mexikanern. Illustration aus dem „Codex Telleriano-Remensis". Paris, Bibliothèque nationale.
18 Die Götter Huitzilopochtli, Tezcatlipoca, Paynal und Tlaloc. Illustration aus dem „Codex Sahagún". Foto: F. Delebecque.
19 Die sieben legendären Höhlen. Illustration aus einem mexikanischen Manuskript. Paris, Bibliothèque nationale.
20 Die Wanderung der Azteken. Illustration aus einem Bildermanuskript. Paris, Bibliothèque nationale.
20/21 Die Gründung von Tenochtitlan. Illustration aus dem „Codex Azcatitlan". Paris, Bibliothèque nationale.
22 Schlange, einen Hasen jagend. Illustration aus dem „Codex Sahagún". Foto: F. Delebecque.
22/23 Die Gründung von Tenochtitlan. Illustration aus: „Historia de las Indias", a.a.O. Foto: Dagli Orti, Paris.
23 Transport von Steinblöcken. Illustration aus: „Historia de las Indias", a.a.O. Foto: Ebd.
24 (oben, Mitte, unten) Fische aus dem See im Tal von Mexico. Illustrationen aus dem „Codex Sahagún". Foto: F. Delebecque.
24/25 Azteken bereiten ein Floß für ein „Chinampa" vor. Anonymes Gemälde. Mexico-City, Stadtmuseum. Foto: Dagli Orti, Paris.
26 Indiovorsteher, genannt „Toculpotzin". Illustration aus dem „Codex Ixtlilxochitl". Paris, Bibliothèque nationale.
27 Die an den König zu entrichtenden Tribute. Illustration aus einem Bildermanuskript. Paris, Bibliothèque nationale.
28 (links) Gold- und Silberverarbeitung. Illustration aus dem „Codex Sahagún". Foto: F. Delebecque.
28 (rechts) Goldenes Pektorale aus dem Grab Nr. 7 von Monte Alban. Oaxaka (Mexiko), Regionalmuseum. Foto: Dagli Orti, Paris.
29 Goldmaske des Xipe Totec, aus dem Grab Nr. 7 von Monte Alban. Ebd.

Zweites Kapitel
30 Tlaloc. Illustration aus dem „Codex Ixtlilxochitl". Foto: Bibliothèque nationale, Paris.
31 Aztekischer „Kalenderstein". Foto: Explorer/-Sugar.

32 (links) Heuschrecken aus dem Tal von Mexico. Illustration aus dem „Codex Sahagún". Foto: F. Delebecque.

32 (rechts) Kalender mit dem Zyklus von 52 Jahren. Ebd.

33 Die Zeremonie des Feuers. Illustration aus dem „Codex Borbonicus". Paris, Asservatenkammer der Bibliothèque nationale.

34 Xocotl-Zeremonie. Ebd.

35 Ballspiel. Ebd.

36 Karte von Neu-Galizien und Menschenopfer, 1550. Sevilla, Archivo dos Indes. Foto: Dagli Orti, Paris.

37 Geschmückte Krieger. Illustration aus dem „Codex Sahagún". Foto: F. Delebecque.

38 (links) Federarbeit aus dem Schatz des Motecuhzoma. Foto. Wien, Völkerkundemuseum.

38 (rechts) Geschmückter aztekischer Krieger. Illustration aus: „Historia de las Indias", a.a.O. Foto: Dagli Orti, Paris.

39 Federhandwerker. Illustration aus dem „Codex Sahagún". Foto: F. Delebecque.

40 Menschenopfer. Illustration aus: „Historia de las Indias", a.a.O. Foto: Dagli Orti, Paris.

41 Kampf zwischen Azteken. Illustration aus: „Historia de las Indias", a.a.O. Foto: Anxiv Mas, Madrid.

43 (oben) Schlacht zwischen Azteken. Illustration aus: „Historia de las Indias", a.a.O. Foto: Artephot/Oronoz, Paris.

43 (Mitte links) „Adler-Ritter". Illustration aus dem „Codex Ixtlilxochitl". Foto: Bibliothèque nationale, Paris.

43 (Mitte rechts) Opfer, das von den Spaniern „gladiatoro" genannt wurde. Ebd.

44 Portrait von Nezahualcoyotl. Ebd.

45 Tributliste. Illustration aus dem „Codex Mendoza", 1541–1542. London, British Museum. Foto: Bridgeman Art Library, London.

Drittes Kapitel

46 Menschenopfer auf der großen Pyramide. Stich von J. Chapman. Foto: Explorer, Paris/Mary Evans Picture Library, London.

47 Karte der Stadt Mexiko. Anonym, 17. Jh. Paris, Bibliothèque nationale. Foto: F. Delebecque.

48 Portrait von Axayacatl. Anonymes Gemälde. Wien, Nationalbibliothek.

49 (oben) Menschenopfer. Anonymer Stich. Foto: Explorer, Paris/Mary Evans Picture Library, London.

49 (Mitte) Rituelle Anthropophagie. Illustration aus dem „Codex Magliabecchiano". Paris, Bibliothèque du Musée de l'Homme. Foto: F. Delebecque.

50/51 Mexiko und seine Umgebung. Französischer Stich, Ende 17. Jh. Foto: Jean-Loup Charmet.

52/53 Kampf zwischen Gladiatoren. Italienischer Stich, um 1820. Paris, Bibliothèque du Musée des Arts Décoratifs. Foto: Ebd.

53 Rituelle Anthropophagie. Illustration aus dem „Codex Sahagún". Foto: F. Delebecque.

54 (oben) Menschenopfer. Illustration aus dem „Codex Magliabecchiano". Foto: Scala, Florence.

54 (unten) Opfermesser. Foto: Gallimard, Paris.

55 Priester, der das Herz eines Geopferten vorzeigt. Stich aus: Désiré Charmay, „Les Anciennes Villes du Nouveau Monde". Paris, Bibliothèque du Musée de l'Homme. Foto: F. Delebecque.

56 Der große Tempel in Tenochtitlan (Mexico-City). Italienischer Stich, um 1820. Foto: Jean-Loup Charmet.

57 Die Herrschaft des Ahuitzotl. Illustration aus dem „Codex Telleriano-Remensis". Foto: Bibliothèque nationale, Paris.

58/59 (oben) Karte von Mexico und den umgebenden Lagunen. Aus: Gemelli Careri, „Voyage autour du Monde". Paris, Bibliothèque nationale.

58/59 (unten) Ansicht von Mexico. Anonymer Stich, 17. Jh. Vincennes, Bibliothek du S. H. M. Foto: F. Delebecque.

60 Portrait Nezahualpillis, des Königs von Texcoco. Illustration aus dem „Codex Ixtlilxochitl". Foto: Bibliothèque nationale, Paris.

61 Tagessymbole aus einem heiligen Kalender. Illustration aus dem „Codex Magliabecchiano". Foto: F. Delebecque.

62 Portrait Motecuhzomas II. Mexico-City, Nationalbibliothek. Foto: Dagli Orti, Paris.

63 Motecuhzomas Thron. Illustration aus: Thomas Gage, „Histoire de l'Empire mexicain". Paris, Bibliothèque du Musée de l'homme. Foto: F. Delebecque.

64/65 La grande Tenochtitlan (Ausschnitt). Fresco von Diego Rivera, 1945. Mexico-City, Nationalpalast. Foto: Dagli Orti, Paris.

66/67 Mosaikherstellung und Goldschmiedehandwerk im alten zapotekischen Reiche. Ebd.

68/69 Überreichung von Früchten, Kakao und Vanille an den Herrscher zur Zeit der Totonaken. Ebd.

70/71 Ansicht des Seentals und der großen Stadt Tenochtitlan zu Anfang des 17. Jh. Fresco nach Covarrubias. Mexico-City, Stadtmuseum. Foto: Dagli Orti, Paris.

71 Illustration aus dem „Codex Magliabecchiano". Foto: Dagli Orti, Paris.

Viertes Kapitel

72 Einzug Cortés' und seiner Armee in der Stadt Tlaxcala. Anonymes Gemälde. Madrid, Museo de America. Foto: Artephot/Oronoz, Paris.

73 Portrait von Hernán Cortés. Nach Jaldana Maestro. Mexico-City, Nationalhistorisches Museum. Foto: Giraudon, Paris.

74 Motecuhzoma erblickt den Kometen. Illustration aus: „Historia de las Indias", a.a.O. Foto: Dagli Orti, Paris/F. Delebecque.

75 Oxomoco und Ciactonal entwerfen den heiligen Kalender. Illustration aus dem „Codex Borbonicus". Foto: Percheron.

76/77 Motecuhzoma erfährt von Nezahualpilli im Traum vom Untergang des aztekischen Reiches. Anonymer Stich, 1518. Wien, Museum für Völkerkunde. Foto: Bibliothèque nationale, Paris

77 Heiliger Kalender. Illustration aus dem „Codex Sahagún". Foto: Ebd.

78 Schlacht zwischen Conquistadores und Azteken. Illustration aus dem „Codex Lienzo de Tlaxcala". Paris, Bibliothèque nationale. Foto: Gallimard, Paris.

78/79 (unten) Federkrone aus dem Schatz des Motecuhzoma. Wien, Museum für Völkerkunde. Foto: Ebd.

79 Hernán Cortés und La Malincha werden Geschenke überreicht. Paris, Bibliothèque nationale.

80 Hernán Cortés trifft auf Indios aus der Gegend von Tlaxcala. Illustration aus: „Historia de las Indias", a.a.O. Foto: Dagli Orti, Paris.

80/81 Cortés und Motecuhzoma. Italienischer Stich, um 1820. Foto: Jean-Loup Carmet.

82/83 Cortés befiehlt die Zerstörung seiner eigenen Flotte. Gemälde von Rafael Monleón y Torres, 19. Jh. Madrid, Museo Naval. Foto: Artephot/ Oronoz, Paris.

84/85 Motecuhzoma empfängt Hernán Cortés. Bilderfolge von Miguel Gonzalez, 1698. Madrid, Museo de America. Foto: Artephot/Oronoz, Paris.

86/87 (oben) Die Mexikaner versuchen den Rückzug Cortés' zu verhindern. Illustration aus: „Historia de las Indias", a.a.O. Foto: Gallimard, Paris.

86/87 (unten) Kämpfe zwischen den Conquistadores und den Azteken. Illustration aus dem „Codex Lienzo de Tlaxcala". Foto: Jean-Loup Carmet.

88 Hernán Cortés läßt eine Flotte bauen. Illustrationen aus: „Historia de las Indias", a.a.O. Foto: Arxiv Mas, Madrid.

88/89 Die Schlacht von Otumba am 8. Juli 1520. Lithographie aus: „Histoire d'Amérique latine et des Antilles", 1500–1534, Paris. Paris, Bibliothèque nationale.

Fünftes Kapitel

90 Karte von Tenochtitlan (Mexico). Stich, 16. Jh. Mexico-City, Stadtmuseum. Foto: Dagli Orti, Paris.

91 Hinrichtung durch wilde Hunde (Ausschnitt). Illustration aus einem Bildermanuskript. Paris, Bibliothèque nationale.

92/93 Cortés widersetzt sich den Menschenopfern. Lithographie aus: „Histoire de l'Amérique latine et des Antilles", a.a.O.

93 Cortés und seine Armee zerstören die Idole. Lithographie aus: „Histoire de l'Amérique latine et des Antilles", a.a.O.

94 (links) Verzehr halluzinogener Pilze. Illustration aus dem „Codex Sahagún". Foto: F. Delebecque.

94 (rechts) Portrait Don Pedro Moya de Contreras. Illustration aus: D. Vicente Riva Palacia, „Mexico a traves de los siglos". Paris, Bibliothèque de l'Institut des hautes études d'Amérique latine. Foto: Ebd.

95 Der aztekische Adel bekennt sich zum Christentum. Bilderfolge von Miguel Gonzalez, 1698. Madrid Museo de America. Foto: Artephot/ Oronoz, Paris.

96 Cortés befiehlt seiner Armee, die aztekischen Idole zu zerstören. Ebd.

97 (oben) Taufe von Indios. Illustration aus dem „Codex Lienzo de Tlaxcala". Foto: Bibliothèque nationale, Paris.

97 (unten) Die erste in Texcoco erbaute Kapelle. Stich aus: „Mexico a traves de los siglos", a.a.O. Foto: F. Delebecque.

98/99 Taufe der Azteken. Gemälde von Miguel Gonzalez, 1698. Madrid, Museo de America. Foto: Arxiv Mas, Madrid.

99 Gefangennahme Motecuhzomas (Ausschnitt). Ebd.

100 (oben) Der Herrscher von Tabasco bietet Cortés mexikanische Frauen an. Italienischer Stich, um 1820. Foto: Jean-Loup Carmet.

100 (unten) Cortés und seine Frau Marina. Anonymes Gemälde. Madrid, Museo de America. Foto: Arxiv Mas, Madrid.

102/103 Ausschnitt aus einem Rechnungsbuch, dem „Codex Gobernadores". Madrid, Nationalbibliothek. Foto: Arxiv Mas, Madrid.

103 Wappen mit den spanischen Farben von Diego Muñoz Canargo. Illustration aus: „Mexico a traves de los siglos", a.a.O. Foto: F. Delebecque.

104 Gemälde von Juan Gerson, 1850. Privatsammlung. Foto: Ebd.

105 Pflege einer Gartenanlage in den Sümpfen. Illustrationen aus einem Codex mit mexikanischen Bildern und spanischer Schrift. Paris, Bibliothèque du Musée de l'Homme. Foto: Ebd.

106/107 Die Herrscher von Tlaxcala unter dem Wappen Kaiser Karls V. Illustration aus dem „Codex Lienzo de Tlaxcala". Foto: Bibliothèque nationale, Paris.

107 Pflege von Epedemiekranken. Illustration aus dem „Codex Sahagún". Foto: F. Delebecque.

Sechstes Kapitel

108 Portrait von Mischlingen. Mexikanisches Gemälde, 18. Jh. Madrid, Museo de America. Foto: Arxiv Mas, Madrid.

109 „Carmelita". Skulptur von Andres Garcia, 19. Jh. Ebd.

110 Portrait eines mexikanischen Adligen. Illustration aus dem „Codex Postcolombino-Indegana". Ebd.

111 Der Palast von Virreyes. Von einem anonymen Meister bemalter Paravent, 16. Jh. Ebd.

112/113   Karte von Mexico von J. G. de Trasmonte, 1628. Mexico-City, Stadtmuseum. Foto: Dagli Orti, Paris.

114/115   Die Kathedrale auf der Plaza Mayor in Mexico. Lithographie von Cuvillier aus: C. Nebel, „Voyage du Mexique", Paris 1836. Paris, Bibliothèque nationale.

116   Die verschiedenen Rassen, die sich seit der spanischen Conquista herausgebildet haben. Gemälde von Luis de Mena, 19. Jh. Madrid, Museo de America. Foto: Arxiv Mas, Madrid.

117   Zubereitung von Tortillas. Lithographie von J. Michaud und Thomas, 1847. Mexico-City, Nationalbibliothek. Foto: Dagli Orti, Paris.

118   Mexikanische „Cargueros". Anonymer Stich, 1811. Foto: Gallimard, Paris.

119   Spanische Hazienda und das Pueblo San Andres Chalchicomula. Anonymer Stich, spätes 17. Jh. Privatsammlung. Foto: F. Delebecque.

120   Prozession in Cuauhtitlan. Gemälde von Primitivo Miranda, Anfang des 19. Jh. Mexiko, Museum von Chapultepec.

120/121   Mischlinge. Anonymes mexikanisches Gemälde, 18. Jh. Mexico-City, Nationalgeschichtliches Museum. Foto: Giraudon, Paris.

122   (oben) Pulqueria. Gemälde von Aquita Arrieta, 19. Jh. Mexiko, Museum von Chapultepec.

122   (unten) Mexikanische Küche. Gemälde von Eduardo Piagret, 1856. Ebd.

123   „Indios carboneros". Lithographie von Lemercier aus: „Voyage du Mexique", a. a. O. Foto: Bibliothèque nationale, Paris.

124   (oben) Stoffmuster. Privatsammlung. Foto: F. F. Delebecque.

124/125   (unten) Mischlinge auf dem Markt. Mexikanisches Gemälde, 18. Jh. Madrid, Museo de America. Foto: Artephot/Oronoz, Paris.

126/127   „Tampico de Tamaulipas". Lithographie von Fr. Miathe aus: „Voyage du Mexique", a. a. O.

128   Edle Indios. Gemälde von Miguel Cabrera, 18. Jh. Madrid, Museo de America. Foto: Arxiv Mas, Madrid.

Zeugnisse und Dokumente

129   Der mexikanische Adler auf Kaktus. Anonyme Zeichnung. Foto: Gallimard, Paris.

130   Kalender. Zeichnung auf Agavenpapier. Paris, Bibliothèque du Musée de l'Homme. Foto: F. Delebecque.

132   Belagerung Tenochtitlans durch die Spanier. Stich aus: „Mexico a traves de los siglos", a.a.O. Foto: Ebd.

136   Tributgegenstände. Stich aus: D. Francisco Antonio Lorenzana, „Historia de Nueva España", 1770. Paris, Bibliothèque nationale.

141   Federn für den Federschmuck der Adligen. Ebd.

144   Medizinische Pflanzen. Illustration aus dem „Codex Sahagún". Foto: F. Delebecque.

150   Aztekischer Gott. Zeichnung. Foto: Gallimard, Paris.

153   Traditionelles Handwerk: Bearbeitung von Metall. Illustration aus dem „Codex Sahagún". Foto: F. Delebecque.

155   Die Erziehung und Ausbildung von Kindern und Jugendlichen. Illustration nach dem „Codex Mendoza". Stich aus: „Histoire de l'Empire mexicain", a. a. O. Foto: Ebd.

157   Aztekische Weise. Illustration aus einem aztekischen Bildermanuskript. Foto: Ebd.

160   Mexica-Händler: auf dem Weg in die Stadt (oben); auf dem Markt in Tlatelolco (unten). Illustrationen aus dem „Codex Sahagún". Foto: Gallimard, Paris.

161   Quetzalcóatl. Illustration aus dem „Codex Massicano Vaticano". Paris, Gallimard.

163   Menschenopfer. Aus: „Historia de las Indias", a. a. O. Foto: Dagli Orti, Paris.

165   Huitzilopochtli. Illustration aus dem „Codex Borbonicus". Foto: Wolfgang Funke, Freiburg.

167   Tezcatlipoca. Illustration aus dem „Codex Borgia". Ebd.

168   Tlaloc. Illustration aus dem „Codex Magliabecchisano". Ebd.

171   Nezahualpilli, König von Texcoco, kündigt Motecuhzoma die Ankunft der Spanier an. London, Mary Evans Pictures Library.

174   Die Route von Hernán Cortés. Karte. Paris, Gallimard.

181   Tod Motecuhzomas II. Anonymer Stich, 18. Jh. Foto: Mary Evans Pictures Library, London.

189   Sonnentempel, auf dem der Opferstein stand. Zeichnung aus: „Histoire d'Amérique latine et des Antilles", a. a. O. Foto: Bibliothèque nationale, Paris.

191   Xipe Totec. Illustration aus dem „Codex Borbonicus". Foto: F. Delebecque.

197   Kult für Tonatium. Illustration aus dem „Sonnencodex". Paris, Bibliothèque nationale.

205   Karte zur Wanderung der Azteken von Tula nach Tenochtitlan. Paris, Gallimard.

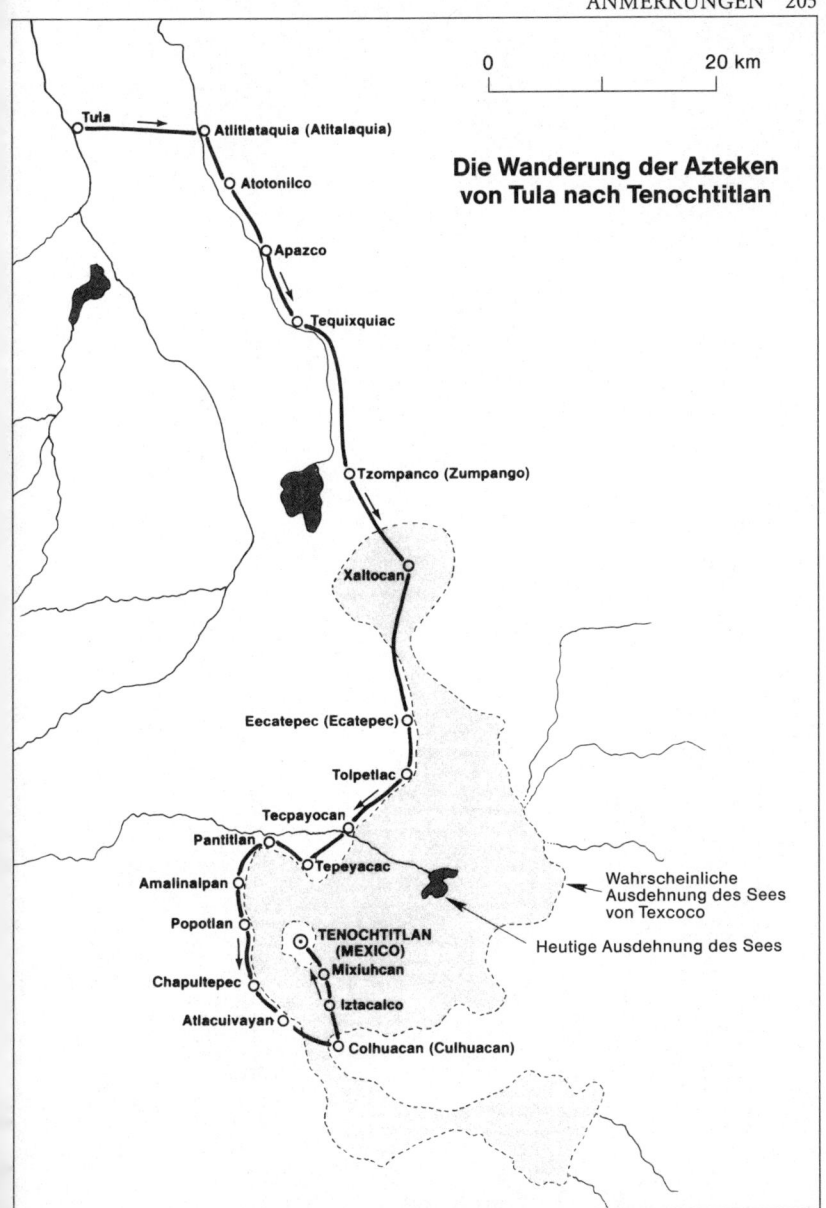

0   20 km

**Die Wanderung der Azteken
von Tula nach Tenochtitlan**

Tula

Atlitlataquia (Atitalaquia)

Atotonilco

Apazco

Tequixquiac

Tzompanco (Zumpango)

Xaltocan

Eecatepec (Ecatepec)

Tolpetlac

Tecpayocan

Pantitlan

Tepeyacac

Amalinalpan

Popotlan

TENOCHTITLAN
(MEXICO)

Mixiuhcan

Chapultepec

Iztacalco

Atlacuivayan

Colhuacan (Culhuacan)

← Wahrscheinliche
Ausdehnung des Sees
von Texcoco

Heutige Ausdehnung des Sees

Register

Inhalt